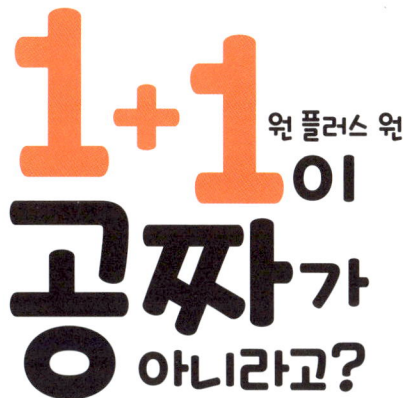

생활 속 사례로 생생하게 배우는 경제
1+1(원 플러스 원)이 공짜가 아니라고?

초판 1쇄 발행 2018년 12월 7일
초판 7쇄 발행 2021년 11월 22일

글 이정주
그림 강은옥

펴낸곳 도서출판 개암나무(주)
펴낸이 김보경
경영관리 총괄 김수현   **경영관리** 배정은
편집 조원선 배우리 서진   **디자인** 김효정   **마케팅** 신종연
출판등록 2006년 6월 16일 제22-2944호

주소 서울특별시 용산구 한남대로40길 19, 4층(한남동, JD빌딩) (우)04417
전화 (02)6254-0601, 6207-0603   **팩스** (02)6254-0602   E-mail gaeam@gaeamnamu.co.kr
개암나무 블로그 http://blog.naver.com/gaeamnamu   개암나무 카페 http://cafe.naver.com/gaeam

ⓒ 이정주, 강은옥, 2018
이 책의 저작권은 저자에게 있습니다. 저자와 출판사의 허락 없이 내용의 일부를 인용하거나 발췌하는 것을 금합니다.

ISBN 978-89-6830-489-7 73320

이 도서의 국립중앙도서관 출판시도서목록(CIP)은 서지정보유통지원시스템 홈페이지(http://seoji.nl.go.kr)와
국가자료공동목록시스템(http://www.nl.go.kr/kolisnet)에서 이용하실 수 있습니다.
(CIP제어번호: CIP2018035283)

품명 아동 도서 | **제조년월** 2021년 11월 22일 | **사용연령** 11세 이상
제조자명 개암나무(주)   **제조국명** 대한민국   **전화번호** 02-6254-0601
주소 서울특별시 용산구 한남대로40길 19, 4층(한남동, JD빌딩)

1+1이 공짜가 아니라고?

원 플러스 원

이정주 글 강은옥 그림

개암나무

작가의 말

경제적인 선택으로 합리적인 소비자가 돼요!

한때 청소년들 사이에서 롱패딩 열풍이 불었어요. 너도나도 발목까지 길게 내려오는 검정 패딩을 입고 떼를 지어 다니는 바람에 부모들은 고민이 많았어요.

"롱패딩은 금세 유행이 지날 텐데, 그래도 사 줘야 할까요?"

"품질이 비슷한 국내 브랜드 패딩은 10만 원이지만, 수입 브랜드 패딩은 30만 원이 넘어요. 그런데도 우리 아이는 꼭 수입 브랜드 패딩을 사겠대요."

여러분이 부모 입장이라면 어떻게 할 것 같아요? 다들 수입 브랜드의 롱패딩을 입히니, 내 자녀도 유행에 뒤처지지 않게 비싼 수입 브랜드를 사 줘야 할까요? 국내 브랜드 대신 값비싼 유명 브랜드를 입으면 어떤 점이 이득일까요?

한 가지 예를 더 들어 볼게요. 마음에 꼭 드는 A브랜드 운동화는 가격이 비싸요. 할 수 없이 썩 마음에 들지는 않지만 그보다 저렴한 B브랜드 운동화를 샀어요. 그런데 만족스럽지 않아 잘 신지 않고, 여전히 A브랜드 운동화를 사고 싶어요. 이 경우 B브랜드 운동화를 사서 돈을 아꼈으므로 경제적인 소비를 한 걸까요? 비싸지만 자주 신었을 A브랜드 운동화를 사는 게 합리적이었을까요?

이 두 예는 모두 경제적인 선택에 관한 이야기예요. 우리 생활은 이러한 경제 활동으로 이루어진답니다. 경제 활동은 어른들만 하는 거 아니냐고요? 그렇지 않아요. 여러분이 생활하는 집, 학교, 학원에서도 끊임없이

경제 활동이 이루어져요. 용돈으로 떡볶이를 사 먹을까, 햄버거를 사 먹을까를 선택하는 것도 경제 활동이에요. 영화관에서 재미없는 영화를 볼 경우 중간에 나올지, 끝까지 볼지를 결정할 때도 경제가 기준이 되지요.

《1+1(원 플러스 원)이 공짜가 아니라고?》는 일상에서 쉽게 경험할 수 있는 경제 활동을 소개해요. 크고 거창한 경제가 아니라, 일상에서 실제로 경험해 보았을 법한 경제 상황들을 예로 들어 여러분이 '경제적인 선택'을 할 수 있도록 돕지요. 책을 읽다 보면 '쿠폰을 다 채우는 것이 꼭 경제적일까?', '1+1 제품을 사는 것이 이익일까?', '좋아하는 캐릭터가 그려진 상품은 왜 자꾸 사고 싶을까?'와 같은 질문을 스스로에게 던지면서 '경제적인 선택'에 대해 감을 잡아갈 거예요. 이처럼 일상에서 경제적인 선택을 경험하면 앞으로 살아가면서 마주할 수많은 선택의 상황에 지혜롭고 줏대 있게 대처할 수 있어요.

이 책을 읽고 난 후 여러분이 "수입 브랜드 롱패딩은 디자인은 좋지만 가격이 너무 비싸요. 그래서 저는 가성비(가격 대비 성능의 비율) 좋은 국내 중소기업 브랜드의 롱패딩을 선택할래요"라거나, "A브랜드 운동화는 비싸지만 저는 A브랜드 운동화를 신었을 때 정서적 만족감이 합리적 가격보다 더 가치 있다고 생각하므로 A브랜드 운동화를 살래요"라고 말할 수 있으면 좋겠어요. 그것이 제가 이 책을 쓴 이유랍니다.

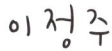

이정주

차례

| 쿠폰 마케팅 |
 쿠폰을 모으는 것은 정말 경제적일까요? _8

| 프랜차이즈의 판매 전략 |
 유명 치킨집의 치킨 맛은 전국 어디나 똑같다고요? _24

| 대형 마트의 비밀 |
 '1+1' 상품이 하나를 공짜로 더 주는 게 아니라고요? _40

| 브랜드의 모순 |
 왜 일부러 더 비싼 운동화를 살까요? _56

| 연예 기획사의 경제 전략 |
 아이돌 그룹이 상품이라고요? _72

| 아르바이트와 돈의 가치 |
아르바이트는 소득이고, 용돈은 소득이 아니라고요? _88

| 서비스에 숨겨진 비밀 |
음료수가 비싸도 편의점에서 사는 게 더 이득이라고요? _102

| 감성을 파는 캐릭터 산업 |
캐릭터가 마음까지 위로해 준다고요? _116

| 인터넷 쇼핑몰의 구조 |
물건을 집 앞까지 배달해 주는데 매장보다 싸다고요? _132

| 전자 화폐의 가치 |
스마트폰 때문에 화폐가 사라진다고요? _146

 쿠폰 마케팅

쿠폰을 모으는 것은 정말 경제적일까요?

'진선미 문구점 개업 기념 선물 증정 이벤트!'

학교를 가던 상윤이는 새로 생긴 문구점 유리창에 붙은 종이를 발견하고 뚫어져라 쳐다보았어요.

'무슨 선물을 준다는 거지? 들어가 볼까?'

문구점 안은 각종 장난감과 학용품으로 가득했어요.

"아줌마, 이 이벤트에 어떻게 참여해요?"

"물건을 5천 원어치 살 때마다 하나씩 주는 스티커를 이 쿠폰에 붙이면 돼. 5개를 붙이면 휴대용 보드 게임을, 10개를 붙이면 건담 미니 액션 피규어를 줄 거야. 건담 피규어는 이벤트 상품이 하나뿐이어서 쿠폰을 빨리 채워야 받을 수 있을 거다."

상윤이는 건담 피규어가 담긴 상자를 보고 하마터면 '꺄악' 소리를 지를 뻔했어요. 진짜 갖고 싶었지만 판매가 중지되어 더는 살 수 없는 시리즈였거든요.

'건담 미니 액션 피규어는 3만 원이 넘는데, 공짜로 받으면 엄청난 이익이겠는걸. 여기 아니면 구할 수도 없잖아!'

상윤이는 주머니에 있는 7천 원으로 당장 쿠폰부터 만들기로 했어요. 한 달 용돈 2만 원 중 남은 돈 전부였어요.

"아줌마, 저 장난감 자동차 얼마예요?"

"6천 원."

"저거 하나 주시고 쿠폰도 만들어 주세요."

상윤이는 장난감 자동차와 쿠폰을 만지작거리며 걸었어요. 발걸음이 어느 때보다 가벼웠지요.

상윤이는 교문 앞에서 태현이와 민지를 만났어요.

"너희들 진선미 문구점에 가 봤어? 이거 거기서 만든 쿠폰이야. 스티커 10개를 붙이면 건담 미니 액션 피규어를 준대."

"벌써 스티커를 하나 붙였네! 그런데 이 장난감 자동차는 왜 샀어? 유행도 지났는데."

"쿠폰을 만들어야 하는데 마땅히 살 게 없어서."

그때 옆에 있던 민지가 끼어들었어요.

"나도 스티커 1개 있는데."

상윤이는 반가운 마음에 눈이 커졌어요.

"정말? 그거 나 주면 안 될까?"

"안 돼! 나도 보드 게임 받으려고 물건을 5천 원어치나 사고 받은 거란 말이야."

상윤이가 실망한 표정으로 입을 삐죽거리자, 민지가 말했어요.

"음, 네가 정 원한다면 천 원에 팔게."

상윤이는 곰곰이 생각했어요.

'문구점에서 스티커를 받으려면 5천 원어치 이상 사야 하는데, 민지한테는 천 원만 주면 살 수 있으니까 더 싸잖아.'

상윤이는 민지에게 천 원을 주면서 말했어요.

"좋아, 나한테 팔아."

상윤이는 무척 기뻤어요. 벌써 쿠폰을 2칸이나 채웠잖아요.

'이제 뭘 사서 쿠폰을 채우지?'

학교를 마치고 집으로 돌아가는 길에도 상윤이는 문구점 앞을 그냥 지나치지 못했어요. 유리창 너머에 전시된 건담 미니 액션 피규어를 한참 동안 쳐다보고 서 있었지요. 빨리 쿠폰을 채워서 갖고 싶은데 돈이 없어서 아쉬웠어요.

터덜터덜 집에 갔더니 엄마가 마트 광고 전단지에서 쿠폰을 오리고 있었어요.

"엄마, 저 5천 원만 주세요."

"뭐하려고?"

"쓸 데가 있어서 그래요."

"얘가, 용돈 받은 지 며칠이나 됐다고 또 용돈을 달래?"

"……."

엄마는 고개를 절레절레 흔들며 말했어요.

"엄마는 몇 푼이라도 아끼려고 이렇게 쿠폰을 오리고 있는데, 너는 그렇게 돈을 함부로 써서 되겠어?"

"저도 쿠폰으로 이익을 얻으려는 거란 말이에요. 그러자면 5천 원이 필요해요."

"쿠폰은 꼭 필요한 물건을 싸게 살 때 쓰는 수단이야. 쿠폰 자체를 얻으려는 목적으로 돈을 쓰는 건 어리석은 짓이라고."

상윤이는 입을 삐죽거리면서 방으로 들어갔어요. 그때 책상 위에 있는 노란 병아리 저금통이 눈에 띄었어요. 평소 동전을 모아 두는 저금통인데 들어 보니 꽤 묵직했어요.

'다음 달에 용돈을 받아 채워 넣지 뭐!'

상윤이는 저금통에서 동전을 5천 원어치 꺼내서 서둘러 집을 나왔어요. 문구점에 도착해 뭘 살지 고민하다가 카드 세트를 집었어요.

"아줌마, 이거 얼마예요?"

"3천 5백 원."

이런, 스티커를 받으려면 천 5백 원이 모자라요. 상윤이는 주사위

3개를 더 샀어요. 집에 주사위가 많지만 5천 원을 채우려면 어쩔 수 없었어요. 필요 없는 물건을 사느라 돈을 썼지만 쿠폰을 채워 기분이 좋았지요.

'앗, 학원에 늦었네!'

상윤이는 학원으로 달려갔어요. 이미 수업이 시작되어 조용히 태현이 옆자리에 가 앉았어요. 문제를 풀던 태현이가 상윤이에게 소곤

거렸어요.

"너 왜 늦었어? 또 진선미 문구점에 다녀왔냐?"

"어떻게 알았어? 나 벌써 스티커 3개나 붙였어."

"오늘만 3개? 대단한데? 나도 오늘 1층 피자집에서 쓸 수 있는 50퍼센트 할인 쿠폰 가져왔어. 원래 만 5천 6백 원인 피자를 7천 8백 원에 먹을 수 있어. 싸지? 나한테 5천 원 있으니까, 나머지는 네가 보태서 같이 먹자."

"어쩌지? 나 돈이 없어. 아까 진선미 문구점에서 다 써 버렸거든."

"에이, 그래? 그럼 다른 애를 찾아봐야겠다."

"태현아, 그러지 말고 그 5천 원, 나 빌려줘라."

"뭐하려고?"

"얼른 스티커 모아서 건담을 받아야지."

"또? 야, 쿠폰 모으려고 쓰는 돈을 다 합치면 건담 하나 사겠다! 쿠폰은 원래 덤으로 받는 건데, 너는 지금 쿠폰을 돈 내고 사는 것 같아. 그리고 나한테 빌리면 그 돈은 또 어떻게 갚으려고?"

"그건 걱정 마. 다음 달 1일에 용돈 받아서 바로 줄게."

태현이는 망설이다가 결국 상윤이에게 5천 원을 빌려주었어요. 상윤이는 스티커를 얻을 생각에 또다시 가슴이 부풀었지요.

쉬는 시간이 되자, 상윤이는 부리나케 진선미 문구점으로 달려갔어요. 10분 안에 다녀오려면 서둘러야 했지요.

"헉, 헉 아, 아, 아줌마, 헉, 헉. 더블로 샤프 2개 주세요. 5천 원 맞지요?"

상윤이는 돈을 꺼내기 위해 주머니에 손을 넣었어요. 그런데 아무것도 잡히지 않았어요.

'어? 이상하다. 분명히 여기에 넣었는데? 어디 갔지?'

"살 거야? 안 살 거야?"

아줌마가 샤프를 들고 재촉했어요.

"아, 네……. 잠깐만요."

상윤이는 뛰어오다가 돈을 흘린 것 같아 왔던 길을 도로 가 보았어요. 하지만 돈은 보이지 않았어요.

'이런, 쿠폰에 붙일 스티커가 날아가 버렸잖아.'

상윤이는 결국 스티커를 얻지 못한 채 학원으로 돌아왔어요. 수업이 시작되었지만, 선생님의 말은 전혀 귀에 들어오지 않았어요. 오로지 쿠폰에 대한 아쉬움만 가득했지요.

'그 돈을 잃어버리지 않았으면 4칸을 채울 수 있었는데, 아까워! 쿠폰을 다 채우려면 아직 7칸이나 남았잖아……. 언제 10칸을 다 채우지?'

상윤이는 학원에서 돌아오는 길에 또다시 진선미 문구점에 들렀어요. 진선미 문구점 안쪽에 있는 건담을 보려고 유리문에 얼굴을 대 보았지만 건담은 보이지 않았어요. 그때 민지가 문구점 문을 열고 나왔어요.

"너 또 쿠폰 때문에 왔구나?"

"아니야, 이번에는 건담 구경하려고 온 거야."

"조금 전에 어떤 애가 쿠폰 10칸을 다 채워 와서 건담 미니 액션 피규어를 받아 가던데?"

"뭐? 진짜? 말도 안 돼. 그건 내 거야!"

상윤이는 허겁지겁 문구점 안으로 들어갔어요. 건담이 놓여 있던 자리가 텅 비어 있었어요.

"아줌마, 여기 있던 건담 미니 액션 피규어 어디 있어요?"

"먼저 쿠폰을 채워 온 애한테 줬지."

상윤이는 힘이 쭉 빠졌어요. 상윤이는 주머니에서 스티커 3개가 붙은 쿠폰을 꺼내 아줌마에게 내보였어요.

"그럼 이건요? 스티커를 3개나 붙였는데, 어떻게 돼요?"

"어떻게 되긴 어떻게 돼. 사은품이 떨어져 이벤트가 끝났으니까 소용없게 된 거지."

세상에 어떻게 이런 일이 있어요? 스티커를 3개나 모았는데, 아무 소용이 없다니요! 그때였어요. 상윤이 가방에서 휴대 전화가 울렸어요. 엄마였어요.

"원상윤! 너 지금 어디야? 너 태현이한테 5천 원 빌려서 뭐했어? 쿠폰인지 뭔지에 정신 팔려 있더니, 거기에 쓴 거야? 쿠폰은 물건을 싸게 사거나 서비스를 더 받기 위한 수단이지, 그 자체가 목적이 아니라고 엄마가 말했지? 당장 집으로 와. 이야기 좀 하자!"

　엄마는 화가 단단히 나 있었어요. 상윤이는 엄마에게 혼날 생각에 집으로 가는 발걸음이 쇳덩이처럼 무거웠어요. 간식도 먹지 못하고 하루 종일 몇 번이나 진선미 문구점을 뛰어다녔더니 배에서는 '꼬르륵' 소리가 요동쳤지요.

공짜인 듯, 공짜 아닌, 공짜 같은 쿠폰

◦ 함께 생각해 봐요 ◦

상윤이는 쿠폰을 빨리 채우고 싶은 마음에 5천 원어치 물건을 사면 공짜로 받을 수 있는 쿠폰 스티커를 민지에게 천 원에 샀어요. 이것은 경제적인 선택일까요?

당연하죠!
쿠폰 스티커 1장을 받으려면 5천 원이 드는데,
민지한테 사서 천 원밖에 안 들었잖아요.
돈을 적게 쓰면서 이벤트 선물을 받을 확률을 높였으니
경제적인 선택이에요.

쿠폰은 필요한 물건을 사고 덤으로 받는 거잖아요.
그런데 상윤이는 돈을 주고 덤을 샀어요.
저는 쓸모없는 쿠폰을 팔고 천 원을 받았으니
이익을 얻었지만, 상윤이는 살 필요가 없는 것을 사서
손해를 보았어요. 이건 경제적인 선택이 아니에요.

쿠폰 덕분에 콜라가 잘 팔렸어요

쿠폰의 어원은 프랑스어 'coupon'으로 '분할하다', '잘라 내다'라는 뜻이에요. 쿠폰을 제일 먼저 만든 회사는 코카콜라예요. 콜라가 처음 나왔을 때 사람들은 콜라가 무엇인지 전혀 몰랐어요. 새로운 음료였으니까요. 코카콜라는 이 새로운 음료를 널리 홍보하기 위해 1877년에 콜라 1잔을 무료로 마실 수 있는 쿠폰을 나누어 주었어요. 콜라를 공짜로 마셔 본 사람들은 그 맛에 반해 콜라를 사 먹기 시작했지요. 무료 음료 쿠폰 덕분에 코카콜라는 큰 성공을 거두었어요.

쿠폰을 지금처럼 가격 할인용으로 처음 사용한 곳은 '포스트'라는 시리

얼 회사였어요. 포스트는 신제품을 판매하면서 1센트짜리 할인 쿠폰을 주었어요. 그런데 당시에는 이 아이디어가 큰 효과를 보지 못했어요. 그러다가 1930년대에 세계적으로 경제가 어려워지자 이처럼 식료품을 할인해 주는 쿠폰이 큰 인기를 끌었지요.

요즘은 쿠폰이 할인 혜택을 제공하거나 어떤 상품 또는 서비스를 무료로 제공하여 상품(서비스)을 사게 만드는 중요한 마케팅 수단으로 자리매김했답니다.

쿠폰을 왜 발행할까요?

기업이나 가게는 자신들의 제품을 더 많이 팔기 위해 쿠폰을 발행해요. 소비자는 쿠폰을 사용하기 위해 쿠폰을 발행한 회사의 제품을 사야겠다고 생각하거든요. 일부러 그 회사의 제품을 사려고 찾아다니기도 해요. 이런 사람들을 '충성도 높은 고객'이라고 해요.

기업의 입장에서는 판매가 증가하고, 소비자의 입장에서는 할인이나 추가 서비스 등을 받을 수 있어서 양쪽 모두 쿠폰 제도를 좋아해요. 요즘은 대기업뿐 아니라 커피 전문점, 치킨집, 피자집 등 작은 가게에서도 쿠폰을 많이 활용하지요.

쿠폰의 형태가 진화하고 있어요

쿠폰은 상윤이가 사용한 것처럼 종이에 스티커를 붙이거나 도장을 찍는 전통적인 방식에서 신문 광고 쿠폰, 전단지 쿠폰, 이메일이나 문자 메시

지로 제공하는 온라인 쿠폰의 형태로 발전했어요. 요즘은 스마트폰을 사용하는 사람들이 늘어나면서 모바일 쿠폰, 쿠폰 애플리케이션도 등장했지요. 계산대에서 스마트폰에 저장된 바코드를 찍어 할인이나 적립을 받을 수 있어 편리해요.

공짜 쿠폰은 정말 공짜일까요?

결론부터 말하면 절대 공짜가 아니에요. 기업은 소비자에게 제품을 많이 판매하기 위해 광고, 이벤트 등 다양한 방법을 사용해요. 이것을 '마케팅'이라고 불러요. 마트에서 새로 나온 제품을 무료로 먹어 보게 하는 시식도 마케팅의 일례예요. 우리가 사는 모든 제품의 가격에는 이 마케팅 비용이 포함되어 있답니다. 쿠폰도 마찬가지예요. 기업은 치킨이나 피자값에 쿠폰의 비용까지 포함해서 가격을 정하지요.

어떻게 하면 쿠폰을 잘 사용할 수 있을까요?

물건을 살 때 쿠폰을 잘 활용하는 것은 똑똑한 소비 습관이에요. 하지만 상윤이처럼 쿠폰을 채우기 위해 필요 없는 물건을 사는 것은 '경제적인 선택'이 아니에요. 경제적인 선택이란 돈이나 시간을 적게 들이고 원하는 것을 얻는 선택을 말해요.

쿠폰을 발행한 문구점에서 '5천 원 이상'이라는 조건을 정해 놓은 것은 제품을 더 많이 팔기 위한 장치예요. 상윤이는 그 장치에 딱 걸린 것이지요. 기업은 쿠폰을 발행할 때 유효 기간이나, 일정한 금액 이상을 구매해야 하는 등의 조건을 붙여 쿠폰으로 인해 손해를 입지 않으려고 해요. 그러므로 쿠폰을 사용하기 전에 내게 이득이 되는 조건인지 꼼꼼하게 살펴야 해요. 할인율은 높지만 필요 없는 물건이거나, 할인을 받기 위해 너무 많은 양을 사야 한다면 결국 이득이 아닐 수 있어요.

자주 사용하는 물건은 쿠폰을 잘 활용하면 좋아요. 또 필요한 물건을 구입할 때 기왕이면 쿠폰이 있는 것을 선택해요. 같은 물건이라면 쿠폰이 있는 것이 이득일 테니까요.

경제가 어려울수록 쿠폰을 많이 사용해요

경제가 어려워지면 사람들은 상품 가격에 더 민감하게 반응해요. 사람들의 소비 유형을 분석한 학자들에 따르면 경제가 좋을 때는 다른 사람들이 쿠폰을 쓰는 자신을 '구두쇠'로 볼까 봐 신경을 쓴대요. 하지만 경제가 어려워지면 남들이 그렇게 보건 말건 신경 쓰지 않고 실속을 차리려는 욕구가 커지지요.

쿠폰이 고객을 떠나게 할 수도 있어요

간혹 쿠폰으로 치킨이나 피자를 시켰는데 평소와 다르게 맛이 없거나 양이 적다고 생각한 적 있나요? 또 소셜 커머스*에서 싸게 산 음식점 쿠폰을 사용하러 갔다가 음식과 서비스에 실망한 적은요? 쿠폰은 새로운 고객을 확보하고, 기존 고객이 다시 방문하도록 유도하는 수단이에요. 그러나 쿠폰을 공짜라고 생각하여 제품의 질이나 양을 떨어뜨리고, 서비스를 소홀히 하면 고객이 실망하여 다시 찾지 않을 수도 있어요. 그러니 쿠폰 발행 여부와 관계없이 품질과 서비스를 유지해야 한답니다.

소셜 커머스 소셜 네트워크 서비스(SNS)를 활용하여 이루어지는 전자 상거래로, 일정 수 이상의 구매자가 모이면 할인가로 상품을 제공하는 판매 방식.

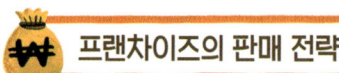 프랜차이즈의 판매 전략

유명 치킨집의 치킨 맛은 전국 어디나 똑같다고요?

"다녀왔습니다!"

"재원이 왔구나! 밥 차려 놓았으니까 저녁때 먹어. 오늘 금요일이라 엄마는 늦을 거야."

학교에서 돌아온 재원이에게 엄마가 말했어요.

"그럼 오늘 저녁도 저 혼자 먹어요?"

"혼자 잘 먹으면서 새삼스럽게 왜 그래. 그나저나 걱정이다. 오늘 골목 입구에 대형 프랜차이즈 치킨집이 개업한다던데, 그 집 때문에 우리 가게 손님이 더 줄면 어떡하니."

재원이 부모님은 시장 골목 끝에서 '날아라 치킨'이라는 치킨집을 운영해요. '날아라 치킨'은 초등학교 5학년인 재원이보다도 오래되었어요. 예전에 장사가 잘될 때는 일하는 아줌마랑 배달하는 형도 있었는데, 요즘은 아빠 혼자 가게를 지키고 배달도 직접 해요. 저녁 시간에만 엄마가 나가서 가게 일을 돕지요.

엄마가 일하러 나간 후 얼마 지나지 않아 친구 민준이에게 문자가 왔어요.

"박재원 뭐하냐? 나 심심하다."

"나도 심심해."

"그럼 우리 만날까? 나 오늘 학원 안 가는 날이거든. 너랑 가 보고 싶은 데가 있어. 거기서 저녁 먹자. 어때?"

저녁을 같이 먹자는 말에 재원이는 흔쾌히 민준이의 제안을 받아들였어요. 민준이는 재원이를 만나자마자 팔을 잡아끌었어요.

"재원아, 저쪽 골목에 '땡큐 치킨' 가맹점이 생겼는데 엄청 커. 오늘 개업이라고 선물도 무지 많이 주나 봐. 병훈이는 축구공을 받았대. 우리도 얼른 가 보자."

"안 돼……. 나는 거기 못 가."

"왜? 왜 못 가?"

"우리 아빠가 치킨집을 하시잖아. 내가 어떻게 다른 치킨집에 갈 수 있겠냐? 엄마가 알면 난리 날 텐데?"

"그런가? 그럼 선물만 받고 오자."

민준이의 말을 듣고 보니 그 정도는 괜찮을 것 같았어요.

"그럴까?"

재원이가 동의하자, 민준이는 활짝 웃으며 말했어요.

"'땡큐 치킨'처럼 가맹점이 전국에 수천 개나 있는 큰 치킨집을 보고서 좋은 점을 말씀드리면 너희 아빠께도 도움이 될걸?"

"전국에 '땡큐 치킨'이 그렇게 많아?"

"우리나라에서 제일 큰 치킨 프랜차이즈잖아. 우리 동네 근처에만 '땡큐 치킨'이 네 군데나 있어. 가게마다 메뉴랑 맛이 똑같고, 실내 분위기도 같아. 닭이랑 소스, 포장지까지 본사에서 전부 준비해 주기 때문이래. 가게 주인은 본사에서 개발한 요리법을 똑같이 따라 하면 되고."

"우리 아빠는 전부 직접 하는데. 닭을 튀기는 건 물론이고, 소스랑 무 절임도 직접 만들어."

이야기를 하다 보니 어느새 '땡큐 치킨' 앞에 도착했어요. 매장은 풍선과 삼각 깃발로 장식되어 있고 화려한 조명을 받아 빛났어요.

가게 안은 사람들로 북적거렸지요. 주차장 쪽에서는 행사 진행자가 게임을 진행하고 있었어요.

"'땡큐 치킨' 개업 행사에 오신 여러분을 환영합니다. 룰렛 게임에 참여하고 선물을 받아 가세요."

재원이와 민준이도 줄을 섰어요. 드디어 둘의 차례가 되었어요. 민준이가 먼저 룰렛을 향해 힘차게 화살을 던졌어요.

"축하합니다. 6등에 당첨되었습니다. 6등 상품은 물티슈입니다."

민준이는 아쉬워하며 상품을 받아 들고 돌아섰어요.

뒤이어 재원이가 화살을 던지자, 팡파레 음악이 나왔어요.

"축하합니다. 2등 당첨입니다. '땡큐 치킨'에서 치킨 1마리를 무료로 드실 수 있는 시식권을 드립니다. 전국의 모든 '땡큐 치킨' 매장에서 사용할 수 있습니다. 대표 번호 15××-33××로 전화해 주문하면 배달도 해 드립니다."

재원이는 2등에 당첨되었다는 사실이 어리둥절했어요. 시식권을 받아 든 재원이는 얼떨결에 매장 안으로 들어갔어요. 내심 '날아라 치킨'보다 크고 화려한 '땡큐 치킨'이 부러웠어요.

'아빠도 가게를 이렇게 근사하게 꾸미고, 손님들에게 시식권도 주고 하면 장사가 잘될 텐데……'

옆에 있던 민준이가 또다시 으스대며 말했어요.

"이런 프랜차이즈 가게를 차리려면 본사에 돈을 내야 해. 그걸 '로열티'라고 한대."

"뭐? 우리 아빠처럼 치킨을 잘 만드는 사람도 '땡큐 치킨'을 하려면 돈을 내야 해?"

"당연하지! 로열티는 '땡큐 치킨'처럼 잘 알려진 브랜드를 쓰고, 그 회사에서 개발한 요리법을 빌려 쓰는 것에 대한 사용료 같은 거니까. 너희 아빠의 경우와는 좀 다르지만, 특별한 기술이 없어도 비교적 쉽게 시작할 수 있거든. 또 이미 손님들에게 잘 알려져 있어서 홍보 같은 걸 따로 안 해도 되니까 너도나도 프랜차이즈 가게를 하려고 하지."

민준이는 마치 자기가 땡큐 치킨 사장이라도 되는 것처럼 재원이에게 조목조목 설명을 했어요.

"그런데 너, 그 시식권은 어떻게 할 거야?"

민준이는 재원이가 들고 있는 시식권을 가리켰어요.

"휴, 이 골목만 지나면 아빠가 하는 치킨집이 있는데 어떻게 여기 앉아서 치킨을 먹어? 집에 가져가 봐야 엄마가 싫어하실 거고. 차라리 3등에 당첨돼서 축구공을 받았으면 좋았을 텐데……."

"무슨 소리야, 축구공보다 이 시식권이 훨씬 좋은 거야! 그러지 말고 온 김에 먹고 가자. 너희 부모님께는 비밀로 하면 되잖아, 응?"

재원이는 민준이의 성화에 어쩔 수 없이 자리를 잡고 앉았어요. 재원이는 신기해서 주변을 둘러보았어요. '본사 지원'이라는 어깨띠를 두른 아저씨 2명이 열심히 손님들에게 치킨을 나르고 있었어요.

재원이가 '본사 지원' 아저씨에게 시식권을 건넸더니 놀라는 눈치였어요.

"시식권에 당첨된 거예요? 우아, 치킨 1마리 가격이 만 8천 원이니까 엄청나게 운 좋은 어린이네요. 축하해요."

재원이는 치킨 1마리가 만 8천 원이라는 말에 놀라 민준이에게 작은 소리로 물었어요.

"여기 치킨 가격이 왜 이렇게 비싸? 우리 가게는 1마리에 만 원인데."

"요즘 라디오에서 유명한 아이돌이 광고하잖아. 광고비가 드니까 당연히 비싸지. 너희 아빠한테도 광고하시라고 해. 그러면 유명해질 테니까 치킨값을 더 올릴 수 있지 않을까?"

재원이는 자기네 집 상황도 잘 모르면서 쉽게 말하는 민준이가 섭섭했어요.

"우아, 맛있다! 역시 치킨은 '땡큐 치킨'이지. 이렇게 맛있으니까 '땡큐 치킨'이 제일 많은 거겠지?"

"너 우리 집 치킨 먹을 때는 맛있다고 말한 적 없잖아!"

재원이는 '땡큐 치킨'을 칭찬하는 민준이에게 마음이 상해서 톡 쏘아붙였어요. 민준이는 먹다 말고 재원이를 쳐다보았어요.

"야, 맛있는 걸 맛있다고 하는데 왜 트집이야? 솔직히 너희 가게

하고 여기를 비교할 수 있냐? 맛도 서비스도 여기가 훨씬 좋은데! 그뿐이야? 전국 어디를 가더라도 똑같은 맛의 치킨을 먹을 수 있다고. 그런데 너희 '날아라 치킨'은 다른 데에서는 먹을 수 없잖아. 여기는 매달 신메뉴가 나와서 늘 새로운데, 너희는 어때? 맨날 똑같은 메뉴만 팔잖아!"

재원이는 민준이의 말에 화가 나서 소리쳤어요.

"여기는 큰 회사에서 운영하는 데고, 우리 아빠 가게는 아빠 혼자 작게 운영하니까 그렇지!"

"깜짝이야, 왜 소리는 지르고 난리냐? 여기가 너희 아빠 가게보다 장사가 잘되니까 괜히 배 아파서 그러는 거 누가 모를 줄 알고?"

민준이도 화를 내며 먹던 치킨을 내려놓고 나가 버렸어요.

그때 '본사 지원' 아저씨가 다가왔어요.

"아이고, 친구는 먼저 갔나 봐요? 이런, 치킨이 많이 남았네. 남은 건 포장해 줄까요?"

"네? 네……"

재원이는 얼떨결에 대답했어요. '본사 지원' 아저씨는 친절하게도 남은 치킨을 싸서 쇼핑백에 넣어 주었어요. 쇼핑백에는 '땡큐 치킨'이라는 상호명이 아주 크고 선명하게 쓰여 있었지요.

재원이는 쇼핑백을 들고 밖으로 나왔어요. 여러 생각을 하면서 걷다 보니 어느새 '날아라 치킨' 앞에 도착했어요. 가게 안에는 손님 2명이 앉아 치킨이 나오기를 기다리고 있었어요. 아빠는 보이지 않고 엄마가 치킨을 만들고 있었지요.

엄마가 재원이를 보고 말했어요.

"어디 갔다 오니? 저녁은 먹었어?"

"아직요. 그런데 아빠는 어디 가셨어요?"

"아빠? 아까 어떤 사람이 와서 이 가게를 '비비 치킨' 가맹점으로 바꿔 볼 생각이 없냐고 제안을 했어. 그래서 상담하러 가셨단다. 올 때가 되었는데……"

엄마는 고개를 쭉 빼고 큰길 쪽을 쳐다보았어요.

"그런데 그 쇼핑백은 뭐니?"

"아, 아무것도 아니에요."

재원이는 들고 있던 쇼핑백을 슬그머니 뒤로 감추었어요.

똑같은 제품을 파는 프랜차이즈

○ 함께 생각해 봐요 ○

개인이 가게를 운영하는 것을 '자영업'이라고 해요. 재원이 부모님처럼 작은 치킨집을 운영하는 것도, 유명 프랜차이즈 치킨집을 운영하는 것도 모두 자영업이에요. 경제가 어려울수록 자영업을 하는 사람이 늘어나요. 회사가 어려워져 퇴직을 하거나 취업을 하지 못하는 사람이 늘기 때문이지요. 그런데 왜 어떤 사람은 프랜차이즈를, 어떤 사람은 직접 만든 브랜드를 운영할까요? 여러분이라면 재원이 아빠가 운영하는 '날아라 치킨'과 유명한 프랜차이즈인 '땡큐 치킨' 중 어떤 가게에서 치킨을 살 건가요?

'날아라 치킨'으로 오세요. 우리 가게는 아빠가 직접 닭을 요리하고 무 절임도 만들어서 믿을 수 있어요. 본사에 로열티를 내지 않기 때문에 값도 저렴해요.

프랜차이즈는 본사가 관리해 주기 때문에 어느 지점이나 신뢰할 수 있어요. 또 맛이며 서비스며 어느 것 하나 나무랄 데가 없어요. 이름 없는 가게에 갔다가 맛없으면 돈이 아깝지 않겠어요? 프랜차이즈 치킨집은 그럴 확률이 적어요.

프랜차이즈가 뭐예요?

상호(회사의 이름), 기술, 상표(회사를 나타내는 기호나 문자), 상품을 가진 A회사는 그것을 사용하고 싶어 하는 B와 계약을 맺고, B가 상품 판매나 기타 영업 행위를 할 수 있도록 허락해요. B는 A회사에게 가게를 운영하는 방법이나 상품을 만드는 기술을 배우고 그 대가로 돈을 지불하지요. 이 둘의 거래 관계를 '프랜차이즈'라고 해요. 하나의 프랜차이즈에 속해 같은 상호를 쓰고, 같은 제품을 판매하는 가게들은 '가맹점'이라고 하지요.

왜 프랜차이즈가 늘어날까요?

우리 주변에서 흔히 볼 수 있는 치킨집, 빵집, 떡볶이집, 커피 전문점,

약국, 병원, 학원 중에도 프랜차이즈가 있어요. 요즘은 각 분야마다 프랜차이즈가 점점 늘어나는 추세예요. 이처럼 프랜차이즈가 늘어나는 이유는 분업과 전문성 때문이랍니다.

재원이 아빠처럼 치킨 재료를 준비하고, 닭을 튀기고, 무 절임을 만드는 등 가게의 모든 일을 혼자 하면 아무래도 힘이 더 들고 시간도 많이 들어요. 반면 프랜차이즈는 본사가 전문적인 일들을 대신해 주므로 가게 주인은 닭을 튀기거나, 포장을 하는 등 간단한 일만 하고 바로 제품을 팔 수 있어요. 예를 들어 빵집 프랜차이즈는 본사에서 냉동 상태의 빵을 매장으로 가져다 줘요. 매장에서는 이 냉동 빵을 오븐에 굽기만 하면 되지요.

프랜차이즈 계약을 맺은 가게 주인은 시간이나 노력을 적게 들이고도 소비자들이 좋아하는 제품을 팔아 수익을 얻어요. 프랜차이즈 회사는 자기들이 개발한 기술이나 제품을 여러 사람에게 빌려주고 돈을 받아 이익을 얻지요.

한마디로 말해서 전문적인 기술이 필요한 일들은 본사가, 판매는 가맹점이 맡아 함으로써 편의성과 효율성을 높이는 거예요.

왜 '날아라 치킨'보다 프랜차이즈인 '땡큐 치킨'이 비쌀까요?

모든 프랜차이즈의 치킨이 일반 치킨보다 비싼 건 아니에요. 다만 프랜차이즈의 치킨값에는 유명인을 모델로 내세워 광고하거나 브랜드를 알리기 위해 행사를 하는 등의 마케팅 비용이 포함돼 대부분 조금 더 비싸요. 치킨을 살 때마다 치킨 광고에 나오는 아이돌의 모델료를 일정 정도 내는 셈이지요.

　프랜차이즈 본사는 전국의 가맹점에 똑같은 재료를 공급하고 그 재료 외에는 쓰지 못하도록 관리해요. 그래야 어느 가맹점이든 똑같은 맛을 낼 수 있고, 품질도 균일하게 유지할 수 있지요. 이렇게 본사가 품질과 이미지를 철저하게 관리하기 때문에 고객들은 프랜차이즈의 치킨이 더 비싸도 믿고 구매하는 거예요.

프랜차이즈 때문에 소규모 자영업자들이 힘들어요

　최근에는 직접 빵을 만들어 파는 작은 빵집이나 소규모 카페보다 유명 프랜차이즈 업체들이 늘어나고 있어요.

　적은 돈으로 자영업을 시작한 소규모 자영업자들은 아무래도 이름 있고

규모가 큰 프랜차이즈 회사에 고객을 빼앗기기 쉬워요. 그래서 장사하기가 점점 힘들다고 말하지요.

그런데 사실 프랜차이즈 가맹점을 운영하는 자영업자들도 소규모 자영업자들과 같은 고민을 해요. 본사에 큰돈을 내야 하는 것도 그렇고, 프랜차이즈가 많아지면서 그에 따른 경쟁이 심해지는 것도 걱정이지요. 프랜차이즈를 운영하는 자영업자 중에는 돈을 어렵게 모았거나 은행에서 빌려 창업한 경우가 많아요. 이들은 자본이 넉넉하지 않은 상황에서 본사에 기술이나 제품을 받기 위해 일정한 돈을 내다 보니 장사가 안 되면 이익이 크게 줄어요.

한편 가게의 임대료가 점점 높아지는 것은 모든 자영업자들을 힘들게 하는 요소예요. 경기 침체로 소비가 줄어드는 것 또한 심각한 문제이지요.

프랜차이즈와 소규모 자영업자들이 함께 잘살 수 있는 방법을 찾는 것은 우리 경제가 해결해야 할 큰 숙제예요.

프랜차이즈는 다 믿을 수 있을까요?

본사에서 똑같은 제품, 똑같은 서비스를 제공한다고 해서 품질이 모두 좋은 것은 아니에요. 유명세만 있고 품질이 떨어지는 경우도 있지요. 그래서 프랜차이즈를 이용할 때는 제품의 질과 서비스를 꼼꼼하게 따져 보아야 해요. 결국 소비자가 현명하게 소비해야 프랜차이즈 시스템도 경쟁력을 갖출 수 있답니다.

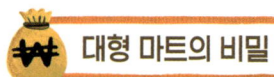 대형 마트의 비밀

'1+1' 상품이 하나를 공짜로 더 주는 게 아니라고요?

"우창아, 오늘 문화 센터 끝나고 마트에 가서 소고기 한 팩이랑 미역 1봉지 사 와. 책상 위에 2만 원 두었어."

"소고기요?"

"응, 내일 엄마 생일이잖아. 깜짝 이벤트로 미역국을 끓일 계획이거든. 사 온 물건은 베란다에 잘 숨겨 놔. 엄마한테 들키지 않도록."

아빠는 우창이에게 눈까지 찡긋거리고 방을 나가셨어요.

"참, 마트에서 장 보고 나면 몇 천 원 남을 거야. 그건 특별 용돈이다!"

아빠가 다시 들어와 남긴 말에 우창이는 벌떡 일어났어요. 아침이면 늘 침대에서 늑장을 부렸는데 잠이 확 깼지요.

'우아, 용돈! 블루 드래곤 알파 시리즈를 사는 데 보태야지!'

우창이는 지난달부터 장난감을 사려고 돈을 모으는 중이에요.

'그나저나 나도 엄마 선물을 준비해야 하는데……. 뭘 사지? 이따가 마트에 가서 찾아봐야겠다!'

우창이는 서랍에서 용돈 5천 원을 꺼내 가방에 넣었어요.

우창이는 마트가 너무나 좋아요. 과자 진열대, 곳곳에 있는 시식 코너, 장난감 매대까지 좋아하는 곳들을 둘러보다 보면 어느새 시간이 훌쩍 흘러요. 언젠가부터는 머리도 마트 안에 있는 미용실에서 자르고, 치과도 마트 안에 있는 곳으로 다녀요. 요즘은 마트 문화 센터에서 논술도 배우고 있지요.

문화 센터 입구에서 지훈이를 만났어요. 지훈이는 엄마의 뒷모습을 보면서 투덜거렸어요.

"우리 엄마는 나 수업 받는 동안 기다린다는 핑계로 마트에 가서 물건을 엄청나게 많이 사. 얼마 전에는 양말이랑 속옷이 싸다고 잔뜩 사서는 결국 둘 데가 없어서 이모들이랑 동네 사람들한테 다 나눠 줬다니까. 아빠가 그러는데, 문화 센터를 운영하는 것도 사람들을 마트에 오게 해서 물건을 많이 팔려는 거래. 우리 엄마는 그걸 알지만 마트에 오면 자꾸 사고 싶은 게 생긴대."

어쩜, 우창이도 그래요! 마트에는 사고 싶은 것, 갖고 싶은 것이 왜 이렇게 많은지 모르겠어요.

우창이는 논술 수업이 끝나자마자 식품 코너로 달려갔어요.

'아빠가 소고기랑 미역을 사라고 하셨지.'

우창이가 신나게 카트를 밀면서 미역을 찾고 있을 때 저쪽에서 하얀 터번처럼 생긴 모자를 쓴 누나가 안내 방송을 했어요.

"델리 카레를 할인하고 있습니다. 델리 카레 3개를 구입하는 분께는 미역 1봉지를 선물로 드립니다. 오늘만 하는 한정 행사이니까 놓치지 마세요."

우창이는 눈이 번쩍 뜨였어요.

'미역이 공짜라니! 그럼 저 카레를 사는 게 이익이잖아? 카레도 생기고, 미역도 생기니까!'

우창이는 카레 가격을 물었어요.

"원래 하나에 3천 원씩, 3개에 9천 원인데 오늘만 특별히 8천 원에 드려요. 조이 마트가 중간 유통 단계를 거치지 않고 델리 카레 회사와 직접 거래해서 이 가격에 드릴 수 있는 거예요. 미역까지 선물로 드리니까 오늘 꼭 구입하세요."

우창이는 카레 3개와 사은품으로 주는 미역을 받았어요. 공짜로 미역을 얻었다고 생각하니 기분이 좋았어요.

카트를 돌려 정육 코너로 가는데 냉동 만두 시식 코너가 눈에 띄었어요. 우창이는 얼른 달려가 시식용 만두를 먹었어요. 판매원이 제품에 대해 설명하기 시작했어요.

"동양 식품에서 특별 행사를 하고 있습니다. 오늘 만두 2봉지를 구입하시는 분들에게 에코 백을 선물로 드립니다."

'엄마한테 에코 백을 선물로 드릴까? 그런데 2봉지는 너무 많은데…….'

"이거 하나만 사도 돼요?"

"1봉지를 사면 3천 5백 원이고, 2봉지를 사면 5천 원이에요. 2봉지를 사면 1봉지당 2천 5백 원에 사는 셈이지요. 에코 백은 2봉지 이상 사는 분에게만 드려요."

그럼 그렇지! 마트는 꼭 물건을 2개, 3개씩 묶어 팔아서 필요한 양보다 더 많이 사게 만들어요. 우창이는 하는 수 없이 만두 2봉지와 에코 백을 카트에 담았어요. 이제 소고기만 사면 돼요. 그런데 문득 지금까지 산 물건이 얼마인지 계산해 봐야겠다 싶었어요.

'벌써 만 3천 원이나 썼네. 소고기 가격이 5천 원 정도면 좋은데……. 그러면 2천 원이 남잖아. 그래도 내 돈 5천 원을 쓰지 않고

엄마 선물까지 마련했으니까 잘 산 거야.'

우창이는 정육 코너에서 한우 가격표를 보고 깜짝 놀랐어요. 한 팩에 만 원 미만은 없었어요.

'소고기가 왜 이렇게 비싸! 어쩌지? 소고기를 싸게 사야 블루 드래곤 살 돈이 남을 텐데…….'

소고기 옆 칸에 있는 돼지고기를 살펴보니 5천 원짜리가 있었어요. 우창이는 정육 코너에 있는 아저씨에게 물어보았어요.

"아저씨, 미역국 끓일 때 소고기 대신 돼지고기를 넣어도 되지요?"

"돼지고기는 기름기가 많아서 미역국에는 잘 넣지 않는단다. 소고기 대신 닭고기를 넣기는 하지."

"그럼 여기 있는 소고기보다 조금 싼 소고기는 없어요?"

"저쪽에 호주산이 있어. 한우보다는 아무래도 호주산이 싸지."

우창이는 아저씨가 가리키는 쪽으로 갔어요. 한우보다는 쌌지만, 호주산 소고기도 5천 원짜리는 없었어요. 실망해서 돌아서는데 커다란 광고판이 보였어요.

'소고기 맛 간장 출시! 이제 소고기 없이도 소고기 맛을 손쉽게 낼 수 있어요.'

우창이는 눈이 번쩍 뜨였어요. 저 간장만 있으면 소고기 없이도 미역국을 끓일 수 있잖아요. 가까이 가서 가격표를 확인해 보니 4천 9백 원이었어요. 이 간장을 사면 장난감도 살 수 있고, 소고기 미역국도 무난히 끓일 수 있어요.

우창이는 옆에서 간장을 고르고 있는 아줌마에게 물었어요.

"아줌마, 이 간장만 있으면 미역국을 끓일 수 있어요?"

"글쎄다, 나도 신기해서 보는 중이야. 왜? 미역국 끓이게?"

"네, 이 간장을 넣으면 소고기 맛이 나니까 진짜 소고기를 넣지 않아도 된다는 거잖아요. 그렇지요?"

"소고기를 넣지 않아도 된다는 게 아니라, 소고기 맛이 나니까 소고기만으로 부족할 때 넣어서 진한 맛을 내라는 거지."

우창이는 아줌마의 말이 잘 이해되지 않았어요. 하지만 어쨌든 미역국에서 소고기 맛이 나는 것은 맞잖아요. 우창이는 간장을 카트에 담았어요.

드디어 심부름을 마쳤어요. 우창이는 카트를 밀고 계산대에 줄을 섰어요. 계산대 옆에는 캐릭터 상자 안에 든 초콜릿, 새콤달콤한 맛이 나는 젤리, 껌 등이 진열되어 있었어요. 우창이는 순서를 기다리면서 젤리를 살까 말까 고민했어요.

'계산대 앞에는 왜 내가 좋아하는 것들만 모아 놓은 거야!'

우창이는 젤리를 먹고 싶었지만 참았어요. 젤리를 사기에는 돈이 부족했어요.

"고객님, 만 7천 9백 원입니다."

우창이는 계산을 하고 집에 돌아왔어요. 냉동 만두는 냉동실 서랍 안쪽에 넣고, 나머지 물건들은 베란다 벽장에 넣어 두었어요. 이 정도면 엄마가 눈치챌 리 없어요.

저녁 10시쯤, 아빠가 먼저 퇴근했어요.

"우창아, 이게 다 뭐니? 아빠가 사 오라고 한 소고기는 없고, 카레는 3개나 있네. 그리고 이 간장은 또 뭐니?"

우창이는 오늘 마트에서 쇼핑한 이야기를 자랑스레 늘어놓았어요. 그런데 아빠는 표정이 점점 굳어지더니 한숨을 크게 쉬셨어요.

"그러니까 카레를 사고 받은 미역과 냉동 만두에 딸린 에코 백을 공짜라고 생각하는 거니?"

"그럼요, 돈을 내지 않고 얻었잖아요."

"아빠가 사 오라고 한 미역은 1봉지에 5천 원인데, 카레를 사느라 8천 원을 썼구나. 우리 집에 카레가 꼭 필요할까? 게다가 이 미역은 중국산이라 품질이 떨어지고, 양도 적어."

"네? 무조건 더 주면 좋은 거 아니에요?"

"물건을 더 준다고 무조건 좋은 게 아니야. 품질이나 중량 등을 비교해 봐야지. 그리고 만약 소고기가 비싸서 살 수 없었다면 대체할 수 있는 닭고기를 샀어야 해. 이 간장은 소고기의 대체재가 되지 못한단다."

아빠의 말에 우창이는 고개를 떨구었어요.

"쓸모없는 물건을 사는 바람에 엄마에게 깜짝 이벤트를 할 기회

까지 잃었으니, 이번 쇼핑은 손해가 이만저만이 아니구나!"

우창이는 마트에서 사 온 물건들을 다시 주섬주섬 봉투에 담았어요. 내일 마트에 가서 환불할 수 있는지 물어보려고요. 어쩌면 엄마의 생일맞이 깜짝 이벤트는 즉석 미역국으로 대신해야 할지도 모르겠어요.

자꾸 가고 싶고, 자꾸 사고 싶은 마트의 비밀

> **함께 생각해 봐요**
>
> 대형 마트에서 장을 볼 때 필요하지 않은 물건을 사게 되는 경우가 종종 있어요. 우창이는 미역을 선물로 준다는 말에 예정에 없던 카레를 샀고, 에코 백 사은품을 받으려고 필요 없는 만두를 2봉지나 샀어요. 우창이가 물건을 산 것은 경제적인 선택일까요?
>
>
>
>
> 그럼요! 경제적인 쇼핑이지요. 어차피 미역이 필요한데, 카레까지 생겼잖아요. 만두는 나중에 먹을 수도 있으니까 미리 사 놓아도 되고요. 게다가 에코 백까지 받았으니 이득이지요.
>
>
> 물건을 살 때는 꼭 필요한 것만 사는 게 경제적이에요. 그러니까 필요한 미역을 사고, 예정에 없던 만두는 사지 말아야 해요. 생각했던 것보다 많은 물건을 사는 것은 대형 마트의 판매 전략에 말려드는 거라고요.

생산자와 소비자 사이에 '유통'이 있어요

집에서 고등어를 먹기까지 어떤 과정을 거치는지 생각해 볼까요? 어부가 바다에서 고등어를 잡아요. 그것을 도매상인에게 천 원에 팔아요. 도매상인은 다시 소매상인에게 2천 원에 팔아요. 자신이 산 고등어값에 수고비, 운반비, 보관비 등을 붙여서 파는 거지요. 소매상인은 여기에 가게 임대료, 물건을 판 수고비 등을 덧붙여 3천 원에 소비자에게 팔아요. 이 과정을 '유통'이라고 해요.

유통은 생산자와 소비자를 연결해요. 소비자는 유통 과정을 통해 다른 지역에서 생산되는 물건도 쉽게 구할 수 있어요. 만약 유통 과정이 없다면 어떻게 될까요? 소비자는 쌀을 사기 위해 쌀 생산지인 경기도 이천에 가야 하고, 갈치를 사기 위해 갈치가 잡히는 제주도에 직접 가야 할지도 몰라요. 정말 불편하겠지요?

대형 마트는 왜 가격이 쌀까요?

유통 단계가 많아질수록 가격은 비싸져요. 각 단계마다 얼마간의 수수료*가 붙기 때문이에요.

대형 마트는 유통 단계를 줄여서 가격을 낮춰요. 도매와 소매 간의 거래 과정을 생략하지요. 예를 들어 대형 마트의 직원이 직접 바닷가에 가서 생산자인 어부에게 고등어를 사 와요. 어부에게 천 원에 산 고등어는 마트 직원의 인건비, 운반비 등을 붙여서 소비자에게 2천 원에 팔아요.

또 물건을 여러 개 묶어 팔아서 가격을 낮춰요. 이게 무슨 말이냐고요? 대형 마트에서는 라면을 1개씩 팔지 않아요. 5개 단위로 묶어서 팔지요. 대신 라면을 1개 팔 때보다 낱개당 가격을 조금 싸게 매겨요. 우유도 2개를 묶어서 팔 때 더 많이 할인하지요.

이렇게 하면 하나하나의 이익은 작지만 많이 팔기 때문에 결국 이익이 커져요. 이 같은 전략을 '박리다매(薄利多賣, 이익을 적게 보고 많이 팔아서 이문을 남김)'라고 하지요.

수수료 어떤 일을 맡아 처리해 준 데 대한 대가로 주는 요금.

왜 한우보다 멀리 호주에서 온 소고기가 쌀까요?

호주나 미국같이 땅이 넓은 나라에서는 소를 한꺼번에 많이 키울 수 있어요. 또 소의 주식인 옥수수도 농장 근처에서 직접 재배하는 경우가 많지요. 반면에 우리나라는 축산 농가의 규모가 작고, 사료도 대부분 외국에서 수입해요.

소고기를 생산하는 데 드는 비용도 호주나 미국보다 비싸요. 미국이나 호주는 도축하고 가공하는 공장까지 농가에 딸려 있지만, 우리나라는 그렇지 못해요. 가공까지 몇 단계를 거치기 때문에 그 과정에서 값이 올라가요. 즉, 수입산 소고기는 먼 나라에서 수입하지만, 제품을 생산하는 데 드는 비용이 적기 때문에 싸게 판매할 수 있답니다.

1+1은 정말 공짜일까요?

물건을 만들어 파는 기업 입장에서 대형 마트는 중요한 시장이에요. 규모가 크고 주로 박리다매 전략에 따라 판매가 이뤄지기 때문이지요. 그래서 전력을 다해서 판매를 늘리려고 노력해요. 1+1 행사나 사은품을 제공하여 물건을 사도록 만드는 판촉 행사 등이 그 예예요. 그런데 이런 행사

비용은 기업이 모두 부담하는 게 아니에요. 기업은 행사를 진행하는 직원들의 인건비, 사은품 구입비 등을 일정 부분 제품 가격에 포함시켜요. 그러므로 마트에서 하는 1+1 판촉 행사는 절대 공짜가 아니랍니다.

대형 마트에서는 왜 자꾸 사고 싶은 마음이 생기는 걸까요?

그 비밀은 상품을 진열하는 법칙에 있어요. 대형 마트는 5~7만 개의 상품을 갖추고 있어요. 이 많은 상품들을 잘 팔려면 먼저 소비자의 눈에 띄게 해야 해요. 이를 위해 갖가지 방법을 동원하지요.

먼저 대형 마트 입구에는 과일이나 채소 매장을 배치해요. 고객에게 계절의 변화를 느끼게 하여 제철 과일이나 채소를 사도록 유도하기 위해서예요. 매장 복도에는 양말, 건전지, 핫팩처럼 비교적 가격이 저렴한 제품들을 늘어놓아요. 지나가다가 부담 없이 카트에 담게 하려는 의도이지요. 주력 상품은 소비자의 눈높이와 비슷한 칸에 진열해요. 또 삼겹살을 파는 곳 바로 옆에 쌈장을, 감자 매대 아래에 카레를 같이 진열하기도 해요. 이처럼 서로 관련 있는 상품들을 한데 모아 진열하는 것을 '연관 진열'이라고 해요.

우창이가 계산대 앞에 놓인 젤리를 사고 싶어 했잖아요? 그것도 마트의 판매 전략이에요. 아이들이 부모에게 사 달라고 조를 만한 품목들을 계산대 앞에 진열하여, 계산 순서가 다가와 마음이 급해진 부모가 어쩔 수 없이 사도록 만드는 것이지요. 이처럼 구매자의 심리를 연구하여 상품 진열에 도움을 주는 '상품 진열 전문가'라는 직업도 있답니다.

대형 마트의 상품이 늘 싼 것은 아니에요

대형 마트는 집과 멀리 떨어져 있기 때문에 차를 타고 가야 하는 경우가 많아요. 또 한꺼번에 많은 양을 사야 해서 가까운 동네 슈퍼에서 살 때보다 돈을 더 쓰기도 해요. 살 생각이 없던 물건을 충동적으로 사는 경우도 생기지요. 이 모든 비용을 고려하여 꼼꼼하게 따져 보아야 정말 물건을 싸게 구입했는지 알 수 있어요. 물건을 적게 구입할 계획이라면 대형 마트보다 동네 슈퍼나 가까운 전통 시장을 이용하는 것이 더 나을 수 있어요.

물건을 살 때는 기회비용도 생각해요!

우리가 가진 돈은 한정적이기 때문에 원하는 것을 모두 살 수는 없어요. 그래서 합리적인 선택을 해야 해요. 경제에서 합리적인 선택이란 가장 적은 돈으로 가장 만족스러운 결과를 얻는 거예요. 우창이가 카레를 사면서 받은 미역은 사은품이어서 가격은 싸지만 품질이 떨어지므로 합리적인 선택이 아니랍니다.

우창이 아빠가 '엄마에게 깜짝 이벤트를 할 수 있는 기회까지 잃어 손해가 크다'고 했지요? '소고기를 사지 못하고 포기한 것'을 경제학 용어로는 '기회비용'이라고 해요. 하나를 선택하느라 포기한 다른 것의 가치를 뜻하지요.

우창이가 블루 드래곤을 사기 위해 미역 대신 카레를, 소고기 대신 간장을 산 것과 소고기 미역국 재료를 제대로 샀을 때의 상황을 비교하면 어떤 가치가 더 클까요? 우창이는 블루 드래곤의 가치가 더 크다고 생각했지만, 아빠는 소고기 미역국을 엄마에게 대접해서 누릴 수 있는 행복을 더 큰 가치로 여겼어요.

　소비를 할 때 기회비용이 적은 쪽이 합리적인 선택이에요. 반대라면 합리적이지 못한 선택을 한 것이지요.

 브랜드의 모순

왜 일부러 더 비싼 운동화를 살까요?

"현채야, 나가는 길에 요 앞 의류 수거함에 이것 좀 넣어 줄래?"

엄마가 체험 학습을 가는 현채에게 커다란 비닐봉지를 내밀었어요.

"엄마는 내가 원하는 건 들어주지도 않으면서 심부름만 시키고!"

현채는 입을 삐죽거리며 엄마에게 불만을 터뜨렸어요. 지난주부터 체험 학습 갈 때 신을 신발로 '제우스' 운동화를 사 달라고 졸랐는데 엄마는 끝내 다른 운동화를 사 주셨어요.

"그 브랜드는 초등학생이 신기에 너무 비싸. 유명세 때문에 몇 배나 더 비싸게 받는 거라고."

현관에는 새 운동화가 가지런히 놓여 있었어요. 하지만 현채는 그 운동화가 영 마음에 들지 않았어요. 친구들이 신고 다니는 '제우스' 운동화는 발에서 빛이 나는 것처럼 화려한데, 이 운동화는 너무 평범해요.

"제우스를 신으면 멋지고, 특별한 사람이 된 것 같대요. 아무나 쓰지 못하는 명품을 가진 기분이래요. 저도 꼭 신어 보고 싶단 말이에요."

"금세 작아질 텐데 뭐하러 그렇게 비싼 걸 사. 운동화는 일정 기간만 사용하는 소비재라 너무 비싼 것을 살 필요가 없어. 우리 현채는 유명 브랜드 제품을 안 신어도 충분히 빛나는걸!"

"쳇, 괜히 사 주기 싫으니까!"

현채는 또다시 엄마한테 투정을 부리고 밖으로 나왔어요.

의류 수거함은 안이 꽉 차서 좁은 입구까지 옷가지들이 밀려 나와 있었어요.

'더 넣을 수가 없네? 그냥 여기에 놓고 갈까?'

그때 입구에 끼어 있던 옷 뭉치가 떨어졌어요. 그 사이로 운동화 한 켤레가 보였지요.

'누가 운동화를 버렸네!

어머, 이거 제우스잖아?'

앞쪽에 약간 벗겨진 흔적이 있고 옆쪽에 검은 때가 살짝 묻어 있긴 했지만 신는 데는 전혀 문제없어 보였어요. 무엇보다 선명한 초록색 줄의 제우스 브랜드 로고가 마음을 설레게 했어요.

현채는 당장 운동화를 신어 보았어요. 조금 작아서 엄지발가락이 끼었지만 이 정도는 참을 수 있었어요.

'하느님이 내 소원을 들어주신 건가? 이 귀한 운동화를 의류 수거함에서 얻다니!'

현채는 이 신발을 신고 체험 학습에 가기로 결심했어요. 신고 있던 운동화는 가방 깊숙한 곳에 넣었어요. 제우스 운동화를 신으니 왠지 더 멋진 사람이 된 것 같았어요.

학교 운동장에 도착하니 친구들이 모여 있었어요. 보름이가 현채를 보자마자 알은체했어요.

"너 제우스 신었구나! 엄마가 드디어 사 주셨나 보네?"

"으, 응……."

"역시 제우스를 신으니까 키가 커 보인다! 내 제우스 신발은 걸그룹 해피써니 언니들이 신은 거야. 이거 사느라고 얼마나 고생했는지 몰라."

"왜? 백화점에 가면 다 있는 거 아니야?"

"내 건 한정판이거든. 제우스는 일부러 물건을 적게 만들어서 시간이 지나면 살 수 없게 한대. 그래야 사람들이 더 사고 싶어 하니까."

현채는 제우스 브랜드에 대해 열심히 설명하는 보름이에게 차마 의류 수거함에서 주운 신발이라고 말할 수 없었어요.

'주운 거면 어때, 예쁘게 신으면 되지!'

드디어 체험 학습 장소인 달빛 공원에 도착했어요. 오전에 어린이 박물관을 견학한 후 간단한 체육 활동과 게임을 할 예정이에요. 그 다음은 점심시간이고요.

그런데 어린이 박물관을 견학하는 내내 발이 아팠어요. 걸을 때마다 신발 앞코가 발을 콕콕 찔렀거든요. 현채는 빈 의자를 찾아 무너지듯 앉았어요. 그걸 본 보름이가 따라와 옆에 앉았어요.

"현채야, 벌써 힘들어? 이제 게임하러 밖에 나가야 하는데?"

"그게, 다리가 좀 아파서."

"너 제우스 신발 처음 신지? 제우스 신발은 안에 굽이 있어서 키가 커 보이는 대신 편하지는 않아. 다른 운동화에 비해 불편하고 가격도 3배쯤 비싸지만, 그래도 제우스잖아. 적응하면 괜찮아질 거야."

'신발이 작아서 그런 건데……'

사정을 알 리 없는 보름이는 현채를 일으켜 세웠어요.

"야, 얼른 나가자. 오늘 반 대항전이라 꼭 이겨야 해."

현채는 더 쉬고 싶었지만 보름이에게 이끌려 밖으로 나갔어요.

달빛 공원 광장에는 4학년 아이들이 모여 몸을 풀고 있었어요. 첫 경기는 단체 줄넘기예요. 현채는 줄넘기라면 자신 있었어요. 하지만 오늘은 발이 아파서 의욕이 생기지 않았어요.

경기가 시작되었어요. 1반 여자 팀은 24개를 기록했어요. 이제 현채네 반인 2반 여자 팀 차례예요. 긴 줄이 돌아가고 아이들이 1명씩 회전하는 줄 안으로 뛰어들었어요. 현채 바로 앞 순서인 보름이까지 성공적으로 들어갔어요. 이제 현채 차례예요.

"하나, 둘, 셋!"

현채도 줄넘기 안으로 들어가는 데 성공했어요. 하지만 발이 아파서 좀처럼 높이 뛸 수 없었어요. 결국 3명쯤 더 들어왔을 때 줄이 발에 걸리고 말았어요. 여자아이들은 일제히 현채를 보면서 불평했어요.

"현채야, 더 높이 뛰어야지!"

현채는 발이 아프지만 꾹 참고 해야겠다고 마음먹었어요. 하지만 두 번째에도 현채 발에 줄이 걸려 총 6개밖에 성공하지 못했어요. 결국 현채네 반 여자 팀은 4학년 전체에서 꼴등을 하고 말았어요. 현채는 친구들에게 너무 미안해서 얼굴을 들 수 없었어요. 그 뒤로 장애물 넘기, 닭싸움 경기가 이어졌지만 현채는 어느 것 하나 제대로 하지 못했어요.

'신발이 왜 이렇게 불편하지? 비싼 브랜드라고 다 좋은 게 아닌가

봐. 빨리 집에 가서 신발을 벗고 싶다.'

점심시간이 되었어요. 말썽꾸러기 건호가 불쑥 다가와 현채의 도시락을 들여다보았어요.

"현채야, 그 주먹밥 맛있겠다. 나 하나만 먹자!"

건호는 먹이를 사냥하는 맹수처럼 현채의 도시락에 손을 뻗었어요. 현채는 건호에게 빼앗기지 않으려고 도시락을 들고 뛰었어요. 하지만 발이 마음대로 움직이지 않았어요. 결국 돌부리에 걸려 넘어지고 말았지요.

'우당탕탕'

현채가 넘어지면서 도시락을 놓치는 바람에 음식들이 바닥으로 쏟아졌어요. 제우스 운동화에도 흙과 음식물이 묻었어요. 무릎에서는 피가 났어요.

"현채야, 괜찮아?"

놀란 보름이가 다가와 현채를 일으켰어요. 멀리서 선생님도 뛰어오셨어요.

"보름아, 우리가 타고 온 버스에 구급상자가 있어. 그 안에 들어 있는 소독약이랑 대일 밴드 좀 가져오렴."

보름이가 얼른 뛰어가서 소독약과 대일 밴드를 가져왔어요. 선생님이 상처를 소독하고 밴드를 붙여 주셨어요.

"현채야, 일어서 봐. 어때? 걸을 만해? 약 발랐으니까 조금 쓰라

려도 참아."

현채는 건호를 노려보았어요. 선생님도 건호를 혼냈어요.

"건호는 현채한테 사과하렴. 그리고 현채를 도와서 주변 정리를 하도록."

"현채야, 미안해. 그냥 장난친 건데……."

건호가 사과했지만 현채는 마음이 풀리지 않았어요. 무릎이 아프기도 했지만, 사실 발가락이 아픈 게 더 속상했어요. 현채는 괜히 건호에게 화풀이를 했어요.

"너 때문에 밥도 제대로 못 먹고, 이게 뭐야!"

건호는 고개를 푹 숙이고 아무 말도 못했어요. 하지만 곧 주변을 정리하고 흙과 음식물로 엉망이 된 현채의 신발을 닦아 주었어요.

건호가 갑자기 현채의 신발과 자기 신발을 번갈아 보며 웃었어요.

"너 왜 웃어?"

"아, 아니야. 킥킥!"

"너 왜 자꾸 웃어? 말해 봐."

"아니야, 말 안 할래."

"너 계속 그러면 선생님한테 이른다."

"아, 알았어. 음, 혹시 이 신발 어디서 샀어?"

건호의 물음에 현채는 깜짝 놀라서 대답을 하지 못했어요. 옆에

있던 보름이도 귀를 쫑긋 세우고 건호의 말에 집중했어요.

"야, 이 운동화 짝퉁이야. 가짜라고."

"뭐? 네가 그걸 어떻게 알아?"

"내가 신은 것과 비교해 봐. 제우스는 초록색 줄이 2개야. 그런데 이건 얇은 줄이 하나 더 있잖아."

그러고 보니 현채가 신은 운동화의 초록색 줄은 보름이나 건호의 것과 확실히 달랐어요. 현채는 당황해서 어찌할 바를 몰랐어요. 쥐구멍이 있으면 당장이라도 숨고 싶은 심정이었지요.

비싼 것이 비싼 이유, 싼 것이 싼 이유

> ◦ 함께 생각해 봐요 ◦
>
> 값비싼 명품 브랜드가 사람들에게 인기를 끌자, 이를 모방한 이른바 '짝퉁' 제품이 만들어졌어요. 짝퉁은 가짜나 모조품을 이르는 말이에요. 사람들은 비싼 명품 대신 가격이 저렴한 '짝퉁' 제품을 구입하기도 해요. 현채가 의류 수거함에서 주운 운동화도 유명 브랜드를 따라한 짝퉁 제품이었어요. 만일 여러분이 이러한 짝퉁 운동화를 얻는다면 어떻게 할 건가요?

짝퉁이어도 신을 거예요.
비싼 브랜드 운동화를 신는 기분을 느낄 수 있잖아요.
그리고 굳이 이야기하지 않으면
아무도 짝퉁이라는 걸 모를걸요?

짝퉁 운동화는 신지 않을 거예요.
남들을 속이는 거잖아요.
돈이 부족하면 그냥 저렴한 브랜드의
운동화를 사서 신을래요.

브랜드는 왜 필요할까요?

브랜드는 제품을 만드는 사람, 혹은 판매하는 사람의 고유한 개성을 드러내고, 다른 제품과 구별하기 위해 붙이는 이름이에요. 선택할 수 있는 상품이 다양해지면서 브랜드는 상품의 특징과 성격을 전달하는 중요한 요소가 되었어요. 소비자가 물건을 살 때 브랜드가 기준이 되기도 하지요.

자동차를 살 때는 어느 브랜드, 냉장고를 살 때는 어느 브랜드 하는 식으로 제품의 기능보다 브랜드 자체를 더 높이 평가하기도 해요. 그래서 기업들은 제품을 만드는 것 못지않게 브랜드의 인지도와 가치를 높이기 위해 많은 시간과 노력을 들여요. 브랜드가 널리 알려져야 그 제품을 사려는 소비자가 많아지니까요. 오늘날에는 도시, 국가, 지역까지 브랜드를 만들어 그 가치를 높이려고 해요.

소비재가 뭐예요?

소비재는 사람들이 욕망을 채우기 위해 일상생활에서 직접 소비하는 물건을 뜻해요. 쌀, 빵처럼 한 번 사용하면 다시 사용할 수 없는 소모재, 옷이나 신발처럼 일정 기간 사용할 수 있는 반내구 소비재, 가구, 자동차, 전자 제품처럼 비교적 긴 시간 동안 사용할 수 있는 내구 소비재로 구분하기도 해요.

현채 엄마가 "운동화는 소비재라 너무 비싼 것을 살 필요가 없다"고 한 것은 운동화를 대략 3년 이내로 사용하는 반내구 소비재로 본 거예요. 현채 엄마는 운동화를 구입할 때 브랜드의 가치보다 오랜 시간 사용할 수 있느냐, 없느냐를 기준으로 삼았어요.

소비재냐 아니냐는 일률적*인 것이 아니라 상황에 따라 달라져요. 전기는 가정에서는 소비재이지만, 공장에서는 물건을 만드는 데 쓰이는 생산재(생산에 쓰이는 물건)이기도 하지요.

유명 브랜드 제품은 왜 비쌀까요?

소비자가 브랜드에 대해 갖는 생각이나 느낌을 '브랜드 이미지'라고 해요. 같은 제품이라도 브랜드 이미지가 좋으면 가격이 비싸도 더 많이 팔려요. 가령 운동화의 경우 브랜드가 없는 것보다, 나이키 상표가 붙은 것이 훨씬 비싸지만 소비자들은 나이키라는 브랜드 이미지 때문에 비싼 줄 알면서도 사요.

일률적 태도나 방식 따위가 한결같음.

나이키 운동화 가격에는 브랜드를 널리 알리기 위해 쓴 광고 비용, 브랜드 개발 비용, 브랜드 관리 비용이 모두 포함되어 있어요. 그 때문에 가격이 더 비싼 것이지요.

소비자들은 자신이 소유한 브랜드를 자신의 지위나 품위 등과 동일하게 생각하는 경향이 있어요. 비싼 브랜드 제품을 사용하면서 자신이 그 물건을 살 수 있을 정도로 부자가 되었다고 생각하는 것이지요.

제품을 만들거나 파는 쪽에서는 브랜드 이미지를 잘 관리해서 판매량과 이익을 최대한 높이려고 해요. 이것을 '브랜드 전략'이라고 해요. 현채가 사고 싶어 했던 운동화 브랜드 '제우스'가 '한정판' 제품을 만들어 판매한 것은 '아무나 살 수 없는 비싸고 고급스러운 제품'이라는 이미지를 소비자에게 심기 위한 브랜드 전략이에요.

브랜드가 유명하다고 꼭 품질이 보장되는 것은 아니에요. 광고를 많이 한다고 좋은 제품도 아니고요. 품질은 떨어지는데 브랜드가 유명해서 잘

팔리는 경우도 있어요. 그러므로 현명한 소비를 하려면 브랜드 이미지뿐 아니라 제품의 품질도 잘 따져 봐야 한답니다.

짝퉁 제품은 왜 생길까요?

브랜드를 알리고, 소비자들이 좋아하게 만들기 위해서는 많은 시간과 노력을 들여야 해요. 그런데 이런 시간과 노력을 들이지 않고 브랜드의 인기를 이용해 빠르게 이익을 얻으려는 사람들이 짝퉁 제품을 만들어요. 그런가 하면 브랜드의 가치는 누리고 싶은데 돈은 적게 쓰고 싶어 하는 사람들이 주로 짝퉁 제품을 사요.

인기가 많고 비싼 브랜드일수록 그 제품을 사고 싶어 하는 사람들이 많아서 짝퉁 제품도 많이 생겨요. 그러나 브랜드는 기업의 재산이고 법으로 보호받기 때문에 짝퉁 제품을 파는 것도, 사는 것도 모두 범죄예요.

브랜드의 가치는 얼마나 될까요?

브랜드는 그 기업의 미래를 예측하고, 가치를 결정하는 데 중요한 역할을 해요. 경쟁력 있는 브랜드를 가지고 있으면 그 회사가 제품을 많이 팔 가능성이 높다고 보는 거예요. 이 때문에 기업의 주식 가치도 높아져요. 주식은 기업을 운영하는데 필요한 돈을 투자받기 위해 발행하는 거예요. 기업은 주식을 팔아 모은 돈으로 기업을 운영하고, 주식을 산 사람은 자신이 가진 주식만큼 기업의 경영에 관한 권리를 행사하지요.

현재 세계에서 브랜드 가치가 가장 높은 기업은 애플이에요. 그 다음은 구글, 아마존, 마이크로소프트 순이지요.(인터브랜드, 2018년 기준) 우리나라 기업으로는 삼성이 제일 순위가 높아요. 물론 이 순위는 매년 바뀌어요. 브랜드 가치가 높다는 것은 소비자의 선호도와 신뢰도가 그만큼 높다는 뜻이기도 하답니다.

브랜드가 고유 명사가 되는 경우도 있어요

어떤 브랜드가 너무 유명해지면 사람들은 그 브랜드를 고유 명사처럼 사용하기도 해요. 현채가 넘어졌을 때 선생님이 소독약이랑 대일 밴드를 가져오라고 한 게 그런 경우예요. 상처가 났을 때 붙이는 접착 붕대를 밴드라고 하는데, 우리나라에서 가장 오래되고 유명한 밴드 브랜드가 대일화학공업이라는 회사에서 만든 '대일 밴드'예요. 사람들이 이 제품을 많이 쓰다 보니 '대일 밴드'라는 브랜드가 밴드를 일컫는 고유 명사처럼 쓰이게 되었지요. 투명한 셀로판테이프인 '스카치테이프'나 접착 메모지인 '포스트잇'도 브랜드의 유명세 때문에 브랜드 자체가 고유 명사처럼 쓰이게 된 예랍니다.

> 연예 기획사의 경제 전략

아이돌 그룹이 상품이라고요?

"이 순간을 놓치면 안 돼, 렛츠 고고고고고, 베베"

윤승이는 요즘 가장 인기 있는 아이돌 탑텐의 동영상을 틀어 놓고 열심히 노래와 춤을 따라 하고 있었어요. 그때 엄마가 노크도 없이 방문을 불쑥 열고 들어왔어요.

"숙제하는 줄 알았더니 또 탑텐 노래 듣고 있어?"

"엄마, 이 옷 어때요? 다빈 오빠가 며칠 전 태국에 갈 때 입었던 공항 패션인데, 나도 이거 살래요. 서연이도 샀단 말이에요."

윤승이는 사진을 보이면서 엄마를 졸랐어요.

"다빈 오빠 공항 패션? 그런 거 다 너희 같은 어린 팬들이 돈을 쓰도록 기획한 거야. 그 옷을 만든 회사가 협찬해서 입은 거라고.

일종의 광고지. 어서 학원 갈 준비나 해!"

"협찬이면 어때요? 멋있으면 됐지. 다빈 오빠와 관련 있는 물건은 전부 사고 싶단 말이에요!"

윤승이는 툴툴대면서 집을 나왔어요.

윤승이는 탑텐의 열혈 팬이에요. 그중에서도 다빈 오빠를 가장 좋아해요. 다빈 오빠는 키도 크고 잘생겼어요. 노래와 춤 실력은 말할 것도 없고요. 게다가 늘 깍듯하고, 바른말만 해서 별명이 '바르다빈'이에요.

'지금 학원이 중요해? 다 팔리기 전에 얼른 다빈 오빠 티셔츠를 사러 가야겠어!'

윤승이는 아까 학교에서 서연이가 다빈 오빠의 공항 패션 티셔츠를 샀다고 자랑했던 게 계속 신경 쓰였어요. 윤승이는 서연이가 자기를 따라 다빈 오빠를 좋아하기 시작했으면서 다빈 오빠에 대해 더 많이 아는 척하는 게 못마땅했어요.

윤승이는 학원 반대쪽에 있는 옷 가게로 달려갔어요. 가게에 도착하자마자 직원에게 다빈 오빠 티셔츠가 어디 있는지 물었어요.

"그 옷은 탑텐 다빈이 공항에서 입은 날 바로 품절되었어요. 탑텐 멤버들이 입기만 하면 아무리 비싸도 평소의 2~3배는 더 팔리니 정말 대단하지요."

매장 직원이 웃으며 이야기했어요.

"옷을 사려면 2주 정도 기다려야 하는데, 예약을 하시겠어요? 예약하고 5만 9천 원을 결제하시면 옷이 들어오는 대로 연락을 드려요."

"네? 5만 9천 원이요?"

"탑텐이 직접 디자인에 참여한 컬래버레이션(공동 작업) 제품이잖아요."

윤승이는 가격을 듣고 깜짝 놀랐어요. 이 가게의 다른 티셔츠는 비싸 봐야 2만 원 미만인데, 다빈 오빠가 입은 티셔츠만 5만 9천 원이라니 차이가 나도 너무 많이 났지요.

모아 두었던 용돈 3만 원으로는 살 수가 없어서 윤승이는 매장을 그냥 나와야 했어요. 힘없이 돌아서는 윤승이가 안쓰러웠는지 매장 직원이 좋은 정보를 알려 주었어요.

"다빈 팬이에요? 오늘 탑텐 멤버들이 요 근처 애덕의 집에 봉사 활동을 온대요. 다빈도 온다는 것 같던데?"

"네? 정말요? 오빠들 태국에 공연하러 갔는데?"

"오늘 아침에 돌아왔대요. 봉사 활동에 집중하고 싶다면서 몰래 애덕의 집으로 오는 중이래요. 지금 SNS에서 난리 났어요."

윤승이는 급히 애덕의 집으로 가는 버스를 탔어요. 애덕의 집은 장애인들이 생활하는 시설이에요.

'오빠를 실제로 볼 수 있다니 꿈만 같아!'

윤승이는 아직까지 다빈 오빠를 직접 본 적이 없어요. 얼마 전에 콘서트에 가고 싶어 엄마를 졸랐다가 괜히 꾸중만 들었지요.

"탑텐 콘서트 티켓 한 장이 10만 원이 넘는다고? 하긴 연예 기획사는 아이돌 그룹을 키우느라 투자한 비용을 회수해야 하니까 뭐든 비싸게 받겠지. 초상권*이 있는 굿즈도 비싸게 팔 테고. 아이돌은 그 자체가 상품이야. 연예 기획사는 아이돌과 관련된 모든 걸 갖고 싶어 하는 팬들의 심리를 이용해서 끊임없이 소비를 부추기지. 그런 것에 너무 휘둘리면 못써!"

초상권 자신의 얼굴이 본인의 승낙 없이 전시되거나 게재되었을 경우 손해 배상을 청구할 수 있는 권리.

윤승이는 다빈 오빠를 직접 볼 생각에 가슴이 터질 지경이었어요.

애덕의 집 마당에는 벌써부터 많은 사람들이 모여 있었어요. 카메라를 든 사진 기자, 방송 기자들의 모습도 보였어요. 오빠들이 지나갈 길에는 사람들이 지나다니지 못하도록 노란 줄을 쳐 놓았지요.

윤승이는 어디쯤에 서 있어야 오빠가 잘 보일까를 생각하며 두리번거렸어요. 그러다가 서연이와 눈이 딱 마주쳤어요. 서연이는 윤승이를 보자 깜짝 놀라는 눈치였어요.

"이윤승! 너 오빠들 여기에 오는 거 어떻게 알았어? 이거 웬만한 사람들은 모르는 비밀 일정인데?"

"나도 다 아는 수가 있어!"

윤승이는 서연이에게 뒤지고 싶지 않아 알은척을 했어요. 그때 중학생 언니가 다가오더니 다짜고짜 시비를 걸었어요.

"야, 너희들 뭐야? 여기는 팬클럽 전용 자리야."

"저희도 탑텐 팬 카페 회원이에요."

"그거 말고, 탑텐 공식 팬클럽 '탑텐 러브'에 회비를 내는 정식 회원이어야지. 회비 안 냈으면 저리 가. 탑텐 오빠들을 좋아하는데 그 정도 성의도 보이지 않는다면 팬이 될 자격이 없어."

옆에 있던 서연이도 끼어들었어요.

"회비 안 내면 오빠들을 좋아할 자격이 없다고요? 무슨 말이 그래요? 저희도 탑텐 오빠들을 위해 노력한다고요."

하지만 언니는 꿈쩍도 하지 않고 윤승이와 서연이를 쫓아냈어요. 결국 윤승이와 서연이는 탑텐 오빠들이 지나갈 길에서 멀찌감치 떨어진 곳으로 밀려났어요.

"여기서 다빈 오빠가 지나가는 게 보이기나 할까?"

윤승이는 속상한 마음에 혼잣말을 했어요. 그걸 들은 서연이는 또 잘난 척을 해 댔어요.

"괜찮아, 열심히 응원 봉을 흔들면 오빠들이 돌아봐 줄 거야. 참, 너 응원 봉은 있지?"

"응원 봉? 나 그런 거 없는데? 너는 있어?"

서연이는 가방에서 응원 봉을 꺼내 보여 주었어요.

"이거 없어? 탑텐 공식 응원 봉도 없으면서 팬이라니, 말도 안 돼! 이 '펄 라이트 샤이니 그린' 색깔 응원 봉은 오빠들의 팬이라는 걸 상징하는 거야. 이거 없으면 아까 그 언니 같은 사람들한테 또 무시당할걸?"

"여기서 잠깐 기다려. 나도 가서 사 올게."

윤승이는 서연이에게 뒤지기 싫어서 얼른 응원 봉을 파는 아줌마에게 갔어요.

"응원 봉 하나 주세요. 얼마예요?"

"2만 원."

"네? 2만 원이요? 무슨 응원 봉이 그렇게 비싸요?"

"이건 탑텐 팬의 필수품이야. 가격이 중요한 게 아니지."

윤승이는 너무 비싸다고 생각했지만 필수품이라는 말에 그냥 사기로 했어요. 그런데 응원 봉을 사서 자리로 돌아왔더니, 서연이가 보이지 않았어요.

'어디 갔지? 응원 봉 산 거 보여 주고 싶은데…….'

그때 갑자기 사람들이 한쪽으로 우르르 몰려갔어요. 카메라 셔터 소리도 요란하게 들려왔지요. 오빠들이 도착했나 봐요. 윤승이는 사람들을 헤치며 앞으로 나가려고 했지만

소용없었어요. 까치발을 들고 깡충깡충 뛰어 건물 안으로 들어가는 다빈 오빠의 뒷모습만 겨우 보았어요.

오빠들이 건물 안으로 들어가자 서연이가 윤승이 곁으로 다가왔어요.

"윤승아, 나 맨 앞에서 다빈 오빠를 찍었어. 이 사진 좀 봐! 오빠가 나를 보면서 웃고 손도 흔들어 줬어."

서연이는 스마트폰으로 찍은 사진을 보여 주며 좋아서 어쩔 줄 몰라 했어요. 그 모습에 윤승이는 더 속상했어요.

'아, 나도 다빈 오빠 사진을 찍고 싶은데!'

그때 좋은 생각이 났어요! 윤승이는 뒤쪽 언덕에 있는 재활용 쓰레기장으로 갔어요. 거기서 내려다보면 건물 안이 보이거든요.

재활용 쓰레기장 벽에 몸을 숨기고 있는데 아래쪽에서 전화 받는 소리가 들렸어요. 익숙한 목소리, 분명 다빈 오빠였어요.

"태국에서 밤 비행기 타고 아침에 도착해서 피곤해. 여기서 봉사 활동하면서 찍은 사진으로 화보집을 만든대. 화보집 한 권에 5만 원 정도 받을 거야. 비싸다고? 무슨 소리야, 내 팬들은 굿즈가 비쌀수록 귀하다고 생각하면서 더 많이 산다니까. 화보집 다음에는 가방 굿즈도 출시할 거야. 그걸로 팬들 돈 좀 박박 긁어모아야지!"

세상에, '바르다 빈' 오빠가 욕설까지 섞어 가면서 저런 말을 하다니……. 윤승이는 믿을 수가 없었어요. 다빈 오빠는 전화를 끊고 침

을 두어 번 뱉더니, 아무렇지 않은 척 웃는 얼굴을 하고는 건물로 들어갔어요.

'아니야, 내가 잘못 들은 걸 거야. 오빠가 그럴 리 없어. TV에 나와서 이야기할 때랑은 완전히 다른 모습이잖아. 그동안 오빠를 믿고 굿즈를 사고, 오빠가 광고하는 물건도 샀는데. 진짜 엄마 말대로 아이돌은 팬들이 물건을 소비하도록 부추기는 사람들일까? 아니야, 그럴 리 없어! 다빈 오빠가 팬들을 실망시킬 리 없단 말이야!'

윤승이는 조금 전에 본 상황이 마치 꿈처럼 믿기지 않았어요. 손에 든 '펄 라이트 샤이니 그린' 색깔의 응원 봉은 아까부터 깜빡깜빡 빛을 내고 있었어요.

오빠를 사랑하는 만큼 굿즈를 사야 한다고요?

> ○ 함께 생각해 봐요 ○

K-Pop의 인기가 높아지면서 아이돌을 만나러 우리나라를 찾아오는 해외 팬들도 많아졌어요. 굿즈 매출도 커지고 아이돌을 모델로 기용하는 업체도 늘었지요. 이처럼 아이돌 산업이 성장하자 아이돌과 관련한 상품들이 더욱 비싸졌어요. 아이돌과 관련 있는 상품이라면 무조건 구입하고 보는 팬들의 심리를 이용해 가격을 비싸게 매기는 것이지요. 윤승이가 찾아간 옷 가게에서도 다른 티셔츠는 2만 원 미만이었는데 탑텐 다빈이 입은 옷만 5만 9천 원이었잖아요. 이처럼 아이돌과 관련한 상품을 비싸게 파는 것이 적절할까요?

아이돌과 관련 있는 굿즈가 비싼 것은 사실이지만, 조금 비싸면 어때요? 다빈 오빠가 입은 옷인데. 다빈 오빠가 입은 옷은 특별하기 때문에 그 정도 가격은 합리적이라고 생각해요.

말도 안 돼요! 아이돌이 입었다는 이유만으로 똑같은 품질의 티셔츠를 2~3배 비싸게 파는 것은 팬들에게 바가지를 씌우는 거나 다름없어요.

아이돌이 경제와 무슨 상관이 있냐고요?

아이돌이 TV 쇼 프로그램에서 노래와 춤을 선보이고, 예능 프로그램에서 마음껏 끼를 발산하는 모습은 참 멋지지요? 그런데 그 이면에는 철저한 경제 전략이 숨어 있답니다.

모든 아이돌은 연예 기획사에 소속되어 있어요. 연예 기획사는 시장 조사를 통해 어떤 이미지의 가수가 무슨 장르의 노래와 춤을 출지 결정하고 어떻게 홍보할지를 계획해서 시장에 내놓아요. 기업에서 새로운 상품을 개발하는 것과 비슷한 과정을 거치는 거지요.

연예 기획사는 아이돌이라는 상품을 내놓기 위해 '투자'를 해요. 투자는 나중에 이익을 얻기 위해 일부러 돈이나 시간을 쓰는 거예요. 연예 기획사가 연습생을 선발하여 노래와 춤을 연습시키고, 합숙 비용을 대고, 매니저를 고용하고 멤버들이 탈 자동차를 사는 것 등이 바로 투자예요. 소녀시대 같은 그룹 하나를 키우려면 대략 5년 정도의 시간과 20억 원 정도의 돈이 든다고 해요.

연예 기획사는 이렇게 투자한 돈과 시간을 당연히 돌려받으려고 하겠지요? 콘서트를 하고, 광고를 찍고, 음반이나 음원을 판매하고, 팬들에게 아이돌 관련 굿즈를 파는 것 등이 투자금을 돌려받기 위해 벌이는 사업들이에요.

K-Pop(Korean Popular music, 케이팝)은 연관 산업까지 발전시켜요

성공한 아이돌은 한국뿐 아니라 세계를 무대로 활동해요. 이들을 K-Pop 가수라고 해요. K-Pop은 해외에서 인기 있는 우리나라의 대중음악을 뜻하지요. 해외 활동을 하는 아이돌이 많아지면서 아예 중국, 태국 국적의 사람을 멤버로 받아들이는 그룹도 많아요. 해당 국가 사람들의 관심을 더 이끌어 내기 위해서이지요.

아이돌로 인해 발생하는 경제 효과는 앨범이나 공연 수익에 국한되지 않아요. 전 세계에 퍼져 있는 K-Pop 팬들이 우리나라로 관광을 오고, 우리나라 방송을 보면서 우리 문화를 소비해요. 아이돌이 착용한 의상과 액세서리, 메이크업과 헤어 스타일 등을 따라 하는 사람들이 늘면서 우리나라의 패션, 화장품 산업도 함께 발전하지요. K-Pop 팬들은 좋아하는 아이돌이 광고하는 휴대 전화를 사고, 한식을 사 먹기도 해요. 이처럼 아이돌은 직접적인 공연, 음반 산업은 물론, 연관 분야의 산업까지 발전시키면서 문화 콘텐츠 산업의 핵심 가치로 떠오르고 있어요.

포장만 바꿔도 날개 돋친 듯 팔리는 아이돌 굿즈

아이돌의 얼굴이나 로고가 박힌 상품을 '굿즈(goods)'라고 불러요. 브로마이드, 포스터, 포토 카드는 물론이고, 아이돌의 대표 로고나 상징 컬러, 캐릭터를 이용한 에코 백, 티셔츠, 양말, 비누, 향초 등 생활용품들까지 나왔어요.

팬들은 좋아하는 아이돌 굿즈에 얼마든지 돈을 쓸 수 있다고 말하기도 해요. 아이돌 굿즈가 비슷한 품질의 다른 제품보다 훨씬 비싸다는 것을 알면서도 '팬심' 때문에 사는 거지요. 연예 기획사에서는 팬들의 이런 심리를 이용해 더 많은 수익을 내려고 끊임없이 굿즈를 개발해요. 연예 기획사와 기업이 손잡고 컬래버레이션을 해 굿즈를 만들기도 하지요. 기업 입장에서는 유명 연예인의 이름을 이용해 상품을 더 비싸게, 많이 팔 수 있어 도움이 돼요.

문제는 굿즈 마케팅의 대상이 대부분 경제적으로 자립하지 못하고, 경제 관념이 제대로 서지 않은 어린 팬들이라는 거예요. 이들은 아이돌을 믿기 때문에 아이돌 관련 상품을 무조건 좋다고 생각해요.

아이돌을 좋아하는 것은 괜찮지만 굿즈를 많이 사는 것이 아이돌에 대한 사랑의 표현이라고 여기는 것은 곤란해요. 아이돌을 좋아하더라도 그와 관련한 소비는 적절하고 합리적인 범위 내에서 해야 한답니다.

왜 아이돌 그룹의 멤버 수가 점점 늘어날까요?

요즘은 혼자 활동하는 신인 가수를 보기 힘들어요. 4~9명이 팀을 이뤄 데뷔하는 게 일반적이지요. 멤버 수가 12~13명에 이르는 아이돌 그룹도 있어요. 아예 멤버 수에 제한을 두지 않고 필요할 때마다 인원을 자유롭게 늘리고 줄이는 아이돌 그룹도 등장했어요. 일본에는 멤버가 48명, 108명인 아이돌 그룹도 있었어요.

아이돌 그룹의 멤버 수가 많은 것에도 경제적인 이유가 숨어 있어요. 한 명의 가수를 키울 때보다 처음에는 돈이 더 들지만, 여러 명이 다양한 활동을 함으로써 훨씬 많은 이익을 낼 수 있기 때문이지요.

아이돌에는 '규모의 경제'가 숨어 있어요

어떤 물건을 만들 때 들인 비용보다 생산량이 많아지는 경우가 있어요. 이를 경제학에서는 '규모의 경제'라고 해요. 예를 들어 하루에 빵을 1000개 만드는 공장이 있어요. 이 공장에서는 빵을 한 번 생산할 때마다 재료비, 전기료, 인건비 등을 합쳐 10만 원이 들어요. 어느 날 빵이 잘 팔려서 2000개를 생산하기로 했어요. 당연히 재료비, 전기료 같은 생산 비용이 2배로 늘어날 테니까 한 번 생산할 때 드는 생산 비용도 20만 원으로 증가하겠지요?

그런데 생산 비용을 2배로 늘렸더니 생산량이 2000개가 아니라 2500개가 되었어요. 생산 비용은 2배가 늘었는데 생산량은 2.5배가 된 것이지요. 빵을 많이 만들다 보니 기술이 좋아졌고, 재료를 알뜰하게 써서 생산량이 예상했던 것보다 늘어났어요. 이렇게 생산량을 늘릴수록 효율성이 좋아져서 들인 비용보다 더 많은 양을 만들 수 있는 것이 '규모의 경제'예요.

아이돌 그룹도 규모의 경제 효과를 얻기 위해 멤버 수를 늘리는 거예요. 멤버가 많으면 1명의 가수를 관리하는 것보다 관리 비용은 더 들지만 인기를 끄는 데는 유리해요. 멤버 중 1~2명만 주목을 받아도 그룹 전체의 인지도가 높아지니까요. 또 여러 행사가 동시에 열려도 멤버들이 나누어 갈 수 있고, 예능, 드라마, 영화에도 각자 출연할 수 있어요. 그러다 보니 초기 투자 비용보다 벌어들이는 돈이 훨씬 많아지는 '규모의 경제' 현상이 일어나지요.

멤버 수를 계속 늘리면 좋을까요?

그러면 멤버 수를 늘릴수록 돈을 더 많이 벌지 않느냐고요? 그게 또 그렇지 않아요. 인원이 무한정 많아지면 관리 비용이 늘어나요. 게다가 사고를 치는 멤버가 생겨 이미지가 나빠진다거나, 인기가 떨어지는 멤버에게도 계속 투자해야 하는 등 여러 문제가 일어날 가능성이 높아져요. 이처럼 생산량을 늘리기 위해 비용을 더 들였는데, 거꾸로 생산의 효율성이 떨어지는 경우를 '규모의 불경제'라고 해요.

그래서 연예 기획사에서는 경제적인 효과를 극대화할 수 있는 인원수를 미리 철저하게 계산해서 멤버를 구성한답니다.

 아르바이트와 돈의 가치

아르바이트는 소득이고, 용돈은 소득이 아니라고요?

"은수, 너 이리 와 봐! 이게 다 뭐야?"

일요일 아침, 은수는 엄마의 부름에 거실로 나왔다가 깜짝 놀랐어요. 거실 탁자에 태극왕 카드가 잔뜩 쌓여 있었거든요.

'엄마가 저걸 어떻게 찾았지?'

은수가 대답하기도 전에 엄마의 폭풍 같은 잔소리가 이어졌어요.

"너 그동안 용돈 받은 걸로 이거 산 거야? 엄마가 그만 사라고 했지? 아휴, 이게 다 몇 장이야. 1000장은 되겠네!"

"그거 1000장 안 돼요. 9번 팩, 10번 팩이 있어야 1000장이 되는데……."

"뭐? 여기서 두 팩을 더 사겠다고? 한 달에 만 원씩 주는 용돈을 이런 데 쓰고 있었어? 용돈이 소득이 아니라고 펑펑 써 대고 있었구나. 안 되겠어. 은수 너, 앞으로 3개월 동안 용돈은 없을 줄 알아. 그렇게 태극왕 카드를 사고 싶으면 직접 벌어서 사!"

은수는 고개를 푹 숙였어요. 은수는 학재 때문이라도 카드를 꼭 사야 했어요. 지난주에 학재 녀석이 잘난 척을 했거든요.

"너 아직도 태극왕 카드 다 못 모았어? 나는 벌써 10번 팩까지 다 모았는데. 그렇게 해서 다음 주에 나랑 대결할 수 있겠냐?"

은수는 마음이 급해졌어요.

'빨리 카드를 사서 학재 녀석을 이겨야 하는데……. 카드 한 팩이 6천 원이니까, 만 2천 원이 필요하네. 휴, 이 돈을 어떻게 벌지?'

아침밥을 먹고 일어서려는데, 엄마가 은수에게 제안했어요.

"지금부터 엄마가 아르바이트할 기회를 줄게. 아침 먹은 그릇을 설거지하면 그 대가로 천 원을 줄 거야."

"설거지하기 싫은데……."

"네가 그동안 용돈 받아서 쓰느라 잘 몰랐겠지만 지금 먹은 아침 식사도 아빠와 엄마가 일해서 번 돈으로 마련한 거야. 살아가는 데 필요한 먹을 것, 입을 것 등을 얻기 위해서는 일을 해야 해. 바로 '노동'이지. 노동을 해서 받는 돈은 '소득'이고. 돈을 벌어야 네가 원하는 태극왕 카드를 살 텐데, 그래도 아르바이트 안 할 거야?"

"아, 알았어요. 하, 할게요. 천 원 주세요."

은수는 팔을 걷어붙이고 설거지를 해 천 원을 벌었어요. 설거지를 마치자, 엄마는 작은 종이 가방 하나를 건넸어요.

"은수야, 이거 이모한테 가져다 줘. 엄마가 전화해 놓았으니까 갖다주면 알 거야. 이모네 가게 이벤트하는 날짜에 맞추려고 서둘렀더니 어깨가 아프네!"

엄마는 뜨개질을 잘해요. 겨울이면 보육원 아이들을 위해 모자, 목도리, 장갑을 짜서 보내곤 하지요. 요즘은 동네 노인 복지 센터에서 할머니들에게 뜨개질을 가르치는 자원봉사도 해요.

"엄마는 왜 힘들게 뜨개질한 것을 돈도 받지 않고 그냥 줘요? 할머니들한테도 무료로 가르쳐 주고. 이것도 아르바이트로 삼으면 소득이 생기잖아요."

"엄마가 하는 건 재능 기부야. 자신의 재능을 다른 사람을 위해 의미 있게 쓰는 거지. 자원봉사나 재능 기부로 돈은 벌 수 없지만 그에 못지않은 보람이 있어. 요즘 젊은이들도 좋아하는 일이라면 돈을 안 받고 한다더라. 돈보다 소중한 경험, 보람을 얻고 싶어서겠지. 늦겠다. 얼른 다녀와!"

종이 가방 안에는 하얀 털실로 짠 구름 모양의 모자가 들어 있었어요. 이모는 큰길 건너 상가에서 빵 가게를 해요.

"엄마, 이 심부름도 아르바이트에 해당하지요?"

"좋아, 보통 때 같으면 그냥 가라고 하겠지만 지금은 아르바이트

기간이니까 특별히 천 원 줄게."

은수는 종이 가방을 들고 성큼성큼 뛰어갔어요. 찻길을 건너 이모가 운영하는 구름 빵집 앞에 도착했어요. 이모네 가게 유리창에 '아르바이트생 구함'이라고 쓴 종이가 붙어 있었어요.

"이모! 저 왔어요!"

"그래, 엄마가 준 모자 가지고 왔구나. 어디, 한번 볼까?"

은수는 종이 가방을 이모에게 건네면서 물었어요.

"이모, 아르바이트 구해요? 저 아르바이트 하고 싶은데……."

이모는 은수를 돌아보며 피식 웃었어요.

"아침에 엄마가 너한테 용돈을 함부로 주지 말라고 하던데, 용돈 금지 당했니? 왜 돈이 필요한데?"

"벌써 알고 있었어요? 저 태극왕 카드를 사야 해요. 이모네 가게에서 아르바이트하면 안 돼요?"

"그건 안 돼."

"왜요? 저 잘할 수 있는데……."

"정식 아르바이트를 하고 임금을 받으려면 만 15세 이상이어야 하거든. 너는 지금 만 11세잖아. 너같이 15세 미만인 아이가 아르바이트를 하려면 고용 노동부 장관이 발급한 취업 허가증이 있어야 해."

"에이, 이모가 사장이잖아요. 제가 돈을 조금만 받을 테니까 아르바이트 시켜 주세요, 네?"

"안 돼. 법으로 정한 아르바이트 최저 임금이 7천 5백 3십 원(2018년 기준)이야. 어떤 일을 시키든 한 시간 일하면 7천 5백 3십 원 이상을 주어야 한다는 말이야. 최저 임금보다 적게 주는 것은 불법이야."

은수는 이모의 설명에도 막무가내로 이모를 졸랐어요.

"좋아, 아직 어리니 정식으로 쓸 수는 없지만, 특별히 오늘 하루만 채용하겠어. 얼마 필요하다고 했지?"

"만 원이요."

"그럼 2시간 일하면 되겠구나. 최저 임금을 기준으로 만 5천 6십 원을 줄게. 대신 일을 제대로 못하거나 시간을 채우지 못하면 깎을 거야."

"우아, 그렇게 많이요? 저 자신 있어요! 뭐든지 시켜만 주세요."

은수가 처음 맡은 일은 오븐에서 나온 빵을 포장지에 넣는 일이었어요. 이모가 비닐장갑을 끼고 빵을 살살 잡아서 봉투에 넣으라고 설명해 줬어요. 하지만 쉽지 않았어요. 빵을 잡으니까 가운데가 움푹 들어가면서 찌그러졌어요. 또 한 손으로 봉투를 잡고 다른 한 손으로 빵을 넣다가 빵 한쪽 귀퉁이를 부스러뜨리고 말았어요.

"너무 세게 잡으니까 그렇지! 살살 잡아서 넣어야지! 귀퉁이 떨어진 빵은 상품 가치가 없어서 못 팔아."

이모한테 혼나고 다시 빵을 잡으니 손이 더 떨렸어요.

'휴, 빵을 포장지에 넣는 것도 다 일이었구나!'

"조금 있으면 손님들이 몰려들 텐데 그렇게 느릿느릿 하다가는 시간에 못 맞추지 싶구나. 이건 이모가 할 테니까, 너는 쓰레기 분리수거를 하고 오렴."

은수는 커다란 쓰레기봉투를 들고 분리수거장으로 갔어요. 봉투 안에는 신문지, 페트병, 빵 포장지 등이 마구 섞여 있었어요. 사실 은수는 분리수거를 한 번도 해 본 적이 없었어요.

'휴, 이걸 어떻게 하라는 거야? 종이류, 페트병은 알겠는데, 알루미늄과 철? 이건 뭐지? 헷갈리네.'

겨우 분리수거를 마치고 돌아오자, 어느새 가게 안은 빵을 사려는 사람들로 붐볐어요. 오늘 하루 빵을 30퍼센트 할인해 주는 이벤트를 해서 평소보다 훨씬 많이 온 모양이에요. 혼자서 빵을 포장하고, 계산을 하며 바삐 움직이던 이모가 은수를 보더니 소리부터 질렀어요.

"바쁜데 왜 이제 와. 이 빵들을 진열대 위에 잘 올려놔."

은수는 이모가 시킨 일을 하랴 손님들의 질문에 대답하랴 정신이 하나도 없었어요.

"모카 크림빵 어디 있어요?"

"네? 모카 크림빵이요? 어, 그건……."

은수가 대답을 못 하자, 이모가 얼른 나서서 위치를 설명해 주었어요. 은수는 아무런 도움이 되지 못했어요.

"은수야, 저쪽 테이블에 이 빵이랑 우유 좀 가져다 드려."

은수는 조심스레 쟁반을 들고 손님들 가까이로 갔어요. 손님 중에는 서너 살쯤 된 아이들이 3명이나 있었어요. 아이들은 서로 스마트폰을 보겠다고 다투었어요. 엄마들은 이야기를 하느라 정신이 없었고요. 은수는 빵과 우유를 탁자 위에 놓고 돌아섰어요. 바로 그때였어요.

'와장창창'

아이들이 티격태격하다가 탁자를 넘어뜨리면서 빵, 우유, 물, 커피가 뒤엉켜 쏟아졌어요. 사람들의 시선이 전부 그쪽으로 쏠렸어요. 계산대에 있던 이모가 달려왔어요.

"어머나! 다친 데 없으세요? 은수야, 여기 좀 정리해야겠다. 대걸레랑 행주 가져와서 닦아. 물티슈로 아이들 손도 좀 닦아 주고."

　은수는 탁자를 일으켜 세우고, 바닥에 떨어진 빵을 주웠어요. 대걸레로 바닥도 닦았지요.

　'휴우, 아르바이트 진짜 힘드네! 만 원 벌기가 이렇게 힘들다니! 빨리 2시간이 지나갔으면 좋겠다.'

　대걸레질을 하던 은수는 구부렸던 허리를 펴고 벽에 걸린 시계를 봤어요. 이제 겨우 1시간이 지났을 뿐이었지요.

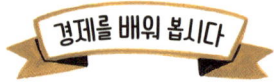

돈의 가치를 배우는 소중한 경험

○ 함께 생각해 봐요 ○

재능 기부는 자신의 재능이나 전문 지식을 어려운 이웃을 위해 쓰는 일이에요. 뜨개질을 잘하는 은수 엄마는 이 재능을 보육원과 노인 복지 시설에 기부했어요. 그런데 왜 자신의 노력과 시간이 드는 일을 공짜로 하는 걸까요? 은수의 말처럼 직업이나 아르바이트로 삼아 돈을 받으면 더 좋지 않을까요? 여러분은 재능 기부에 대해 어떻게 생각하나요?

엄마가 뜨개질한 목도리와 장갑을
그냥 나누어 주는 것은 너무 아까워요.
시간과 노력은 물론이고 재료비까지 들였으니까요.
엄마의 기술을 할머니들에게 공짜로 알려 주는 것도
엄마의 시간을 낭비하는 일이 아닐까요?
돈을 받으면 우리 집 경제에도 보탬이 될 거예요.

재능 기부는 자신이 잘하는 일을
사회를 위해 쓰는 거야.
엄마가 시간과 노력을 들여 뜨개질한 모자를
보육원 아이들이 쓴 것을 보면 무척 보람차단다.
비록 우리 집 경제에 도움이 되지는 않지만
엄마는 돈보다 남을 돕는 기쁨을
더 가치 있게 생각해.

아르바이트와 직업은 어떻게 다를까요?

직업은 살아가는 데 필요한 돈을 벌 목적으로 일하는 것을 말해요. 농부가 농사를 짓고, 간호사가 환자를 돌보는 것은 경제적 목적, 즉 돈을 벌기 위한 직업 활동이에요.

직업이 되려면 일정한 기간 동안 계속 일해서 돈을 벌어야 해요. 로또에 당첨되어 순식간에 큰돈을 벌었더라도 로또를 산 일은 직업이 아니에요. 지속적으로 일해서 돈을 번 게 아니라 일시적인 행운으로 돈을 벌었기 때문이지요. 또 직업은 반드시 경제적 이득이 있어야 해요. 은수 엄마가 하는 자원봉사는 돈을 받지 않으므로 직업이 아니지요.

아르바이트는 경제적 대가를 받으며 임시로 일을 해요. 직업으로 삼아 일할 때보다 일하는 시간이 짧기 때문에 아르바이트하는 사람을 '시간제 노동자'라고도 해요.

초등학생은 직업을 갖거나 아르바이트를 할 수 없어요

학생은 아침부터 학교에 가서 공부를 해요. 그렇다고 학생이 직업은 아니에요. 학생이 공부하는 것은 돈을 벌기 위한 경제 활동이 아니기 때문이지요. 그러나 학자나 연구원은 공부를 해서 돈을 벌기 때문에 직업이라고 할 수 있어요.

우리나라는 일할 수 있는 나이를 만 15세 이상으로 정하고 있어요. 15세 미만이 일을 하려면 고용 노동부 장관이 발급한 취업 허가증이 있어야 해요. 일하는 데 나이 제한을 둔 이유는 15세 미만의 어린이나 청소년은 일을 해서 돈을 벌기보다 교육을 받아야 하기 때문이에요. 15세 미만으로 취업 허가증을 받아 일하는 어린이와 청소년 중에는 연예인이 많아요.

재능 기부나 열정 페이를 악용하는 사례가 있어요

변호사가 가난한 사람에게 법률 상담을 하거나, 바이올리니스트가 환자들 앞에서 무료 연주를 하는 것은 재능 기부예요. 자신의 재능을 어려운 이웃을 위해 무료로 제공하니까요.

열정 페이는 열정(熱情)과, '돈을 지급하다'는 뜻의 영어 단어 '페이(Pay)'를 합친 말이에요. 젊은이들 중에는 일 자체가 좋아서 월급이 적거나 아예 없는데도 일을 하는 사람들이 있어요. 이렇게 일하는 것을 '열정 페이를 받고 일한다'고 해요. 유명 기업이나, 방송, 예능, 체육계 등 어린이와 청소년이 선망하는 분야에서 열정 페이를 근무 조건으로 내거는 경우가 종종 있어요.

재능 기부와 열정 페이는 자신의 재능을 다른 사람과 나누어 더 큰 가치를 창조한다는 점에서 경제 활동이에요. 하지만 일부 어른들은 이것을 악용해요. 정당한 임금을 주지 않으려고 재능 기부와 열정 페이를 핑계 삼는 거지요. 누군가에게 재능 기부와 열정 페이를 억지로 강요하는 것은 잘못이에요.

용돈은 소득이 아니에요

소득은 일을 해서 번 돈을 말해요. 엄마가 매월 주는 용돈은 일을 해서 번 돈이 아니므로 소득이 아니에요. 소득에는 여러 종류가 있어요. 일을 해서 돈을 버는 것을 근로 소득, 가게나 회사를 운영하여 얻는 것을 사업 소득이라고 해요. 근로 소득과 사업 소득은 모두 일해서 얻는 소득이에요.

일을 하지 않고 은행에 저축을 해서 받는 이자 소득과 땅이나 집, 건물 등을 빌려주고 받는 임대 소득도 있어요. 퇴직, 질병, 사고, 노령 등으로 일

할 수 없을 때 국가에서 주는 이전 소득도 소득에 포함돼요.

아르바이트 소득은 국내 총생산에 포함되지 않아요

TV나 신문의 경제 뉴스에서 가장 자주 나오는 말 중 하나가 국내 총생산(GDP)이에요. 국내 총생산은 한 나라에서 일정 기간 동안 새롭게 생산한 생산물과 용역*의 가치를 돈으로 따져서 전부 합친 거예요. 국가 경제의 규모를 나타내는 기준이지요.

국내 총생산이 높은 나라는 경제가 튼튼할 가능성이 커요. 하지만 체격이 크다고 꼭 건강한 것은 아니듯, 국내 총생산이 높다고 국민의 삶의 질까지 높다고 보기는 어려워요. 환경을 오염시키면서 공장을 지었을 때 국

용역 사람이 힘을 들여 생산과 소비에 필요한 일을 하는 것.

내 총생산은 높아지지만 국민들의 행복 지수는 낮을 수 있잖아요.

은수가 아르바이트를 한 돈은 국내 총생산에 포함되지 않아요. 이모에게 받은 용돈도 국내 총생산에 포함되지 않지요. 돈은 오갔지만 정부가 이 돈을 조사해서 세금을 매길 수 없기 때문이에요. 이 돈은 세금, 소득 같은 경제 개념보다 사랑, 행복 같은 인간의 감정 영역에 속해요.

이처럼 국내 총생산은 경제 규모를 나타내는 데 매우 편리하지만 사람 사이의 사랑, 우정, 행복 같은 가치는 반영하지 못해요. 이런 단점을 보완하기 위해 국민의 행복 지수로 경제를 가늠하는 경우도 있답니다.

 **서비스에 숨겨진 비밀**

음료수가 비싸도 편의점에서 사는 게 더 이득이라고요?

무더운 7월의 토요일, 소운이는 친구들을 만나러 중앙 공원으로 향했어요. 다음 주 수요일에 재능 발표회가 있거든요. 소운이는 친구 혜승이, 윤주와 함께 걸 그룹 핑크벨벳의 춤을 추기로 했어요.

오늘은 춤 잘 추기로 유명한 윤주의 언니, 민주가 연습을 도와주기로 했어요. 민주 언니는 중학생이에요. 얼마 전 청소년 댄스 경연 대회에서 상을 받기도 했어요. 중앙 공원에 도착하니 혜승이와 윤주 그리고 민주 언니가 벌써 연습을 하고 있었어요.

"여기서는 혜승이가 두 걸음 오른쪽으로 가고 윤주는 왼쪽으로 가야지. 소운이가 가운데 서고. 소운아, 너도 빨리 이쪽으로 와서 서 봐."

소운이는 들고 있던 가방을 내려놓고 얼른 가운데 자리에 섰어요. 언니가 가르쳐 주는 대로 동작을 따라 하다 보니 온몸에서 땀이 났어요. 그때 혜승이가 말했어요.

"잠깐 쉬자! 소운아, 우리 회비로 음료수 마실까?"

"응! 내가 편의점에 가서 사 올게. 복숭아 음료 마실 거지?"

소운이와 친구들은 각자 만 원씩 내서 공동으로 사용할 돈을 마련했어요. 팀의 리더인 소운이는 이 돈을 발표회 전까지 알뜰하게 사용해야 해요.

소운이는 공원 건너편에 있는 편의점으로 들어갔어요. 몇 걸음 걸어 음료수 냉장고 쪽으로 가니 복숭아 음료가 바로 보였어요.

'어? 마트에서는 4개에 2천 8백 원이었는데, 여기서는 1개에 천 원이네? 4개를 사면 마트보다 천 2백 원이나 비싸잖아! 시간은 좀 걸려도 마트에서 사야겠다!'

소운이는 편의점을 나와 마트로 향했어요. 찻길을 두 번이나 건너 한참을 걸었어요. 머리 위에서는 햇볕이 뜨겁게 내리쬐었어요.

마트에 도착해서도 한참을 헤매 겨우 음료수를 찾았어요. 하지만 음료수는 냉장고에 들어 있지 않아 미지근했어요.

소운이가 음료수를 사 들고 공원에 도착하니 혜승이가 소운이를 타박했어요.

"야, 목마른데 왜 이렇게 늦게 와?"

"마트까지 다녀오느라고 늦었어. 편의점에 갔더니 음료수가 너무 비싸더라고."

소운이가 음료수를 하나씩 나누어 주면서 말했어요. 음료수를 한 모금 마신 윤주가 얼굴을 찡그렸어요.

"윽, 이거 맛이 왜 이래? 시원하지가 않아! 이 음료수는 시원해야 제맛인데!"

그때 민주 언니가 나섰어요.

"물건값만 놓고 보면 마트가 싸지만 꼭 그렇다고만은 볼 수 없어. 소운이 네가 오간 수고도 음료수값의 거래 비용에 넣어야 하거든. 편의점은 공원과 가까우니까 거래 비용이 작고, 마트는 머니까 거래 비용이 크지."

"그래도 마트에서는 복숭아 음료 한 병이 7백 원인데, 편의점에서는 천 원이나 하던 걸요."

"편의점이 마트보다 비싼 이유는 서비스 가격이 포함됐기 때문이야. 이렇게 더운 날에는 냉장고에 넣어서 시원하게 팔고, 겨울에는 따뜻하게 데워서 팔잖아."

민주 언니와 대화를 나누는 사이, 친구들은 음료수를 먹다 말고 내려놓았어요. 기껏 땀 흘리면서 마트까지 다녀왔는데, 보람이 없었어요.

다시 연습을 시작했어요. 역시 민주 언니한테 배우니까 안무가

훨씬 좋아졌어요. 그런데 혜승이가 그만 넘어지고 말았어요. 혜승이는 무릎과 손바닥이 까져서 피가 났어요. 민주 언니가 말했어요.

"편의점에 가서 일회용 밴드 좀 사 와야겠다. 참, 너희 배고프지 않니? 난 점심도 못 먹어서 배고파. 아예 편의점에서 도시락까지 사 와서 먹고 연습하자."

이번에는 편의점에 다녀올 사람을 가위바위보로 정했어요. 그런데 소운이가 졌지 뭐예요!

소운이는 다시 편의점으로 향했어요. 그때 누군가 소운이를 불렀어요. 앞집 아줌마였어요. 아줌마는 한 손으로는 커다란 박스가 든 손수레를 밀고, 다른 한 손으로는 아기의 손을 잡고 있었지요.

"소운아, 어디 가니?"

"안녕하세요? 편의점에 가는 길이에요."

"어머, 그래? 잘됐다. 나도 편의점에 택배 보내러 가는 길인데. 아줌마 좀 도와줄래?"

아줌마는 소운이에게 손수레를 대신 밀어 달라고 부탁했어요. 아기가 안아 달라고 칭얼거렸거든요. 소운이는 흔쾌히 손수레를 대신 밀며 걸었어요.

"편의점에서 택배도 부칠 수 있어요?"

"그럼! 짐을 들고 멀리 우체국까지 가지 않고 바로 집 앞 편의점에서 보내니까 참 편리하더라. 근데 편리하다고 다 좋은 건 아니야. 원래 저 편의점 옆에 할머니가 운영하는 작은 구멍가게가 있었거든. 사람들이 편의점만 이용하니까 할머니가 하던 가게가 망해 버렸어. 대기업이 골목 상권까지 들어오면서 작은 가게를 운영하던 사람들이 장사하기가 더욱 힘들어졌단다. 편리하다고 다 좋은 것은 아니지?"

그사이 편의점에 도착했어요. 소운이는 아줌마와 함께 큰 상자를 들어 택배용 저울에 올렸어요. 아줌마는 택배를 보내고 나서 전기 요금을 내고, 현금 인출기에서 돈도 찾았어요. 그러더니 소운이를 보면서 웃었어요.

"어머, 내 정신 좀 봐! 소운이가 도와줬는데 그냥 있을 수 없지.

먹고 싶은 거 하나 골라 봐. 아줌마가 사 줄게."

"네? 정말요? 우아, 신난다."

아줌마의 말에 손수레를 끌고 오느라 흘린 땀이 한꺼번에 식는 것 같았어요. 소운이는 평소 좋아하던 '치즈 쏙쏙 왕 소시지'를 찾았어요. 그런데 소운이가 찾는 소시지가 보이지 않았어요. 소운이는 계산대로 가서 주인 아저씨에게 물어보았어요.

"치즈 쏙쏙 왕 소시지? 우리 편의점에는 그 브랜드가 없어. 대신 저쪽에 보면 하늘 식품에서 나온 '치즈를 품은 소시지'가 있어. 브랜드만 다르고 맛은 거의 비슷해. '치즈 쏙쏙 왕 소시지'를 찾는 손님들이 '치즈를 품은 소시지'를 사 가는 경우도 많단다."

소운이는 '치즈를 품은 소시지' 2개를 집었어요. 크기도 비슷하고, 가격도 같아서 별로 고민하지 않았어요. 아줌마는 소운이가 고른 소시지와 아기에게 줄 과자, 아이스크림까지 계산하고 갔어요.

'아차, 늦었다고 또 잔소리 듣겠다. 빨리 서둘러야지!'

소운이는 혜승이를 위해 일회용 밴드를 사고, 생수 두 병을 집었어요. 이번에는 냉장고에 있는 엄청 시원한 것으로 골랐지요. 그리고 도시락 코너에서 '새싹 비빔밥 도시락'을 찾았어요.

'이상하다? 분명 지난번에 여기서 샀는데 오늘은 왜 없지?'

소운이는 다시 주인 아저씨에게 물었어요.

"새싹 비빔밥 도시락은 3~4월에만 판매하는 봄 한정 상품이야.

편의점은 계절이나 달마다 판매하는 상품이 다르단다. 지역마다 상품이 다르기도 하고. 우리 가게는 공원 앞이라 도시락이 많이 팔리고, 학생들이 많은 학원가 편의점은 라면이나 삼각 김밥이 잘 팔려. 새싹 비빔밥 대신 불고기 비빔밥은 어떠니? 우리 가게에서 제일 잘 나가는 도시락인데."

소운이는 불고기 비빔밥 도시락 4개와 일회용 밴드, 생수 두 병을 계산했어요. 아까 마트에서처럼 길게 줄을 서지 않고 바로 계산하니 훨씬 빨랐어요. 소운이가 계산을 마치고 나오려는데 민주 언니에게 전화가 왔어요.

"소운아, 도시락 샀니? 그 편의점에서 언니가 주문한 책 좀 찾아올래? 인터넷 쇼핑몰에서 산 책을 편의점에서 받기로 했는데, 방금 도착했다고 연락이 왔어. 그 편의점과 인터넷 쇼핑몰이 계약을 맺고 물건을 대신 받아 주는 서비스를 하거든. 언니가 택배사에서 받은 문자를 너한테 보낼 테니까 편의점 아저씨에게 보여 드려. 그럼 책을 줄 거야."

소운이는 슬슬 짜증이 났어요.

'이 언니는 뭐 이래? 도시락도 무거운데 책까지 찾아오라니……. 오늘은 춤을 가르쳐 주니 내가 참는다!'

소운이는 민주 언니가 말한 책을 찾아서 도시락을 담은 비닐봉지에 넣었어요. 밖으로 나오니 비가 한두 방울씩 떨어졌어요. 소운이는 아랑곳 않고 비닐봉지를 들고 공원을 향해 걸었어요. 어느새 무거운 비닐봉지를 든 손바닥이 벌겋게 변했어요. 그사이 빗줄기는 더욱 굵어졌어요.

'휴, 아까 편의점에서 우산 하나 살 걸 그랬나? 편의점 아저씨는 비 올 걸 어떻게 알고 미리 우산을 내놓은 걸까?'

편리한 것은 더 비싸요

○ 함께 생각해 봐요 ○

물건을 사는 데 뒤따르는 돈을 '거래 비용'이라고 해요. 소운이는 가까이에 편의점이 있었지만 음료수 가격이 더 싼 마트까지 갔어요. 그런 소운이에게 민주 언니는 거래 비용을 생각하지 않았다며 결코 물건을 싸게 산 것이 아니라고 했지요. 거래 비용에 대한 소운이와 민주 언니의 생각을 들어 보세요. 여러분의 생각은 어떤가요?

음료수를 사는 비용은 눈에 보이지만, 거래 비용은 눈에 보이지 않아요. 그러니까 조금 힘들더라도 싼 곳에서 사야 당장 눈에 보이는 돈을 아낄 수 있어요.

소운이가 마트에 오가는 비용, 물건을 찾는 데 들인 시간까지 음료수 가격에 포함해야 해요. 만약 소운이가 마트에 다녀와서 힘들어 병이 났다면, 치료하는 비용도 모두 거래 비용이에요. 거래 비용은 당장 눈에 보이지는 않지만, 나중에 큰 영향을 미칠 수도 있어요.

편의점은 편리한 서비스를 파는 가게예요

편의점은 '편리한 가게'라는 뜻이에요. 소비자가 원하는 것을 가장 가까운 곳에서, 가장 빠르게 구입할 수 있는 가게이지요. 세계 최초의 편의점은 1946년 미국 텍사스에서 개업한 '세븐일레븐'이에요. 이 가게는 아침 7시부터 밤 11시까지 문을 열었어요. 당시 미국의 가게들은 저녁 7시면 문을 닫고, 휴일에는 아예 문을 열지 않았는데, 밤 11시까지 영업을 하니 인기가 많았지요. 우리나라에는 1989년에 처음 편의점이 생겼어요. 2017년을 기준으로 전국에 3만 9천여 개의 편의점이 있어요.

편의점의 편리함에는 비밀이 있어요

편의점은 좁은 공간에 물건을 최대한 많이 배치해요. 또한 손님이 필요한 물건을 빠르고 쉽게 찾을 수 있도록 자주 찾는 물건이나 이익이 많이 남는 물건을 가장 눈에 띄는 위치에 진열해요. 가장 인기 있는 물건을 가장 잘 보이는 곳에 배치하여 판매를 늘리려는 전략이지요. 소운이가 복숭아 음료를 바로 찾을 수 있었던 것도 그 때문이에요.

앗! 저기 바로 보이네!

손님이 많이 드나드는 출입구 쪽은 상품 진열에 특히 신경을 써요. 이곳에 비 오는 날이면 우산을 놓고, 추운 겨울에는 따뜻한 음료를 진열해서 판매를 늘리지요.

편의점은 마트보다 물건 1개의 가격은 비싸지만 거래 비용은 적어요

물건을 살 때는 정해진 가격 이외에 보이지 않는 '거래 비용'이 발생해요. 자동차를 타고 마트에 간다고 가정해 볼까요? 차를 타고 가는 데 드는 기름값, 자동차를 사용하는 비용, 오가는 시간이 모두 거래 비용이에요. 물건을 사기 전에 정보를 찾아보거나 물건이 마음에 들지 않아 반품할 경우 드는 시간과 노력 또한 거래 비용이지요.

멀리 있는 마트는 상품 가격은 싸지만 거래 비용이 많이 들어요. 편의점은 마트보다 상품 1개의 가격은 조금 비싸지만 거래 비용이 적게 들지요. 원하는 물건을 빠르게 살 수 있으니까요. 그러니 간단한 물건은 편의점에서 사는 것이 오히려 더 쌀 수 있어요. 물건을 살 때는 단순히 가격만 비교할 것이 아니라, 보이지 않는 거래 비용까지 따져 봐야 해요.

편의점은 서비스가 미끼 상품*이에요

요즘은 편의점에서 택배를 보내거나 찾고, 버스 카드나 휴대 전화를 충전할 수 있어요. 현금 지급기를 이용하거나 공공요금을 납부할 수도 있지요. 모든 편의점이 이런 서비스를 제공하는 것은 아니지만 이런 서비스들을 늘려 가는 추세예요.

미끼 상품 고객을 유인하기 위하여 평소에 판매하던 가격보다 할인하여 판매하는 상품.

편의점이 서비스를 제공하여 버는 돈은 전체 판매액의 10퍼센트 정도에 불과해요. 그럼에도 이런 서비스를 계속 늘리는 이유는 고객을 끌어들이기 위해서예요. 서비스를 이용하기 위해 방문한 고객이 물건까지 사기를 바라는 거죠. 택배를 보내러 온 앞집 아줌마도 과자와 아이스크림을 샀잖아요.

편의점은 지역에 따라 개성 있는 서비스를 하기도 해요. 외국인 여행객이 많은 서울 이태원의 한 편의점은 여행 가방을 보관해 주는 서비스를 해요. 강원도의 한 편의점은 생선회를 먹고 싶지만 시장까지 가기 힘든 사람들을 위해 싱싱한 생선회를 판매하지요.

편의점에서는 관심을 적게 들여도 되는 물건들을 팔아요

우리가 편의점에서 사는 상품들은 값이 싸고, 브랜드 간에 차이가 거의 없고, 잘못 구매해도 손해가 별로 없는 것들이에요. 이런 상품들을 '저관여 상품'이라고 해요. 물건을 살 때 관심을 적게 기울여도 별문제가 없다는 뜻이지요. 소운이의 경우처럼 간식용 소시지나 껌, 초콜릿 등은 원래 사려던 제품이 없으면 비슷한 제품을 사면 돼요. 별다른 고민을 할 필요가 없지요.

반면 자동차, 냉장고를 살 때는 신중하게 알아봐야 해요. 값이 비싸고, 오랫동안 사용하는 제품이므로 잘못 샀다가는 큰 손해를 입을 수 있거든요. 이런 제품을 '고관여 상품'이라고 해요. 관심을 많이 들여서 사야 하는 상품이라는 뜻이지요.

편의점이 밤새 문을 열어 도둑이 줄어든대요

편의점은 보통 2000가지가 넘는 상품을 팔아요. 물건의 가짓수는 많지만 각각의 수량은 적지요. 편의점은 바쁘게 살아가는 사람들에게 아주 유용해요. 간단한 식사를 할 수 있고, 필요한 물건도 언제든 살 수 있으니까요. 편의점은 주로 지하철역, 도로 주변 등 사람들이 많이 다니는 곳에 있어요. 맞벌이 부부, 혼자 사는 직장인, 학생들이 주요 고객이지요. 이들은 가족 수가 적기 때문에 물건도 적은 수량만 필요로 해요. 많이 사 놓았다가 쓰지 않아 버리는 것보다 조금 비싸더라도 필요한 만큼 사는 것이 훨씬 경제적이지요. 편의점은 이를 겨냥하여 물건의 크기도 줄이고, 낱개로 판매해요.

대부분의 편의점은 1년 내내, 24시간 동안 영업을 해요. 이 때문에 물건을 파는 것 말고 다른 기능을 수행하기도 한답니다. 24시간 광고판 역할을 하고, 밤거리의 이정표가 되지요. 또 환한 불빛이 거리를 밝혀 도둑을 줄이는 데에도 기여해요.

 감성을 파는 캐릭터 산업

캐릭터가 마음까지 위로해 준다고요?

'아, 제발! 오늘은 내가 원하는 스티커가 나와야 할 텐데……'

수민이는 간절히 기도하면서 빵 봉지를 열었어요. 옆에서 그 모습을 지켜보던 예지도 숨을 죽였어요. 수민이는 봉지를 열자마자 빵은 먹을 생각도 하지 않고 빵 뒤에 있는 네루 스티커부터 찾았어요.

네루는 수민이가 좋아하는 곰돌이 캐릭터예요. 원래는 스마트폰 메신저에서 쓰이던 이모티콘인데, 요즘은 영화, 광고, 게임에도 자주 나와요.

스티커를 확인한 수민이는 실망하고 말았어요. 어제랑 똑같은 스티커가 나왔거든요. 요 며칠 수민이는 학교에서 돌아오는 길에 예지와 편의점에 들러 네루 빵을 샀어요.

수민이와 예지가 친해진 것도 캐릭터 때문이에요. 수민이는 곰돌이 캐릭터 네루를 좋아하는데, 예지는 네루의 친구인 토끼 캐릭터 바니를 좋아해요. 두 사람은 금세 마음이 통했어요. 네루 티셔츠에 네루 머리띠를 한 수민이는 예지와 함께 집으로 가며 이야기를 나누었어요.

"예지야, 너 이 빵 먹을래? 스티커도 가지고 싶으면 가져. 나는 똑같은 거 있어서 필요 없어."

"너 어제도 빵을 나한테 주더니, 오늘도야? 빵값이 아깝다. 그리고 매일 메신저에서 대화할 때 네루 이모티콘을 사용하잖아. 그런데도 스티커가 필요해?"

"당연하지! 네루를 볼수록 실물로 된 물건을 갖고 싶어. 네루 빵도 스티커 때문에 산 거라서 빵은 필요 없어. 빵 봉지 안에 모두 24가지의 네루 스티커가 들어 있는데 아직 8가지밖에 모으지 못했어."

수민이는 네루 캐릭터가 그려진 물건은 웬만하면 다 샀어요. 쓰지 않고 그냥 모으려고 산 것도 많지요. 그런데도 아직 사고 싶은 게 많아서 고민이에요.

그때 예지가 빵 포장지에서 이상한 점을 발견했어요.

"어? 이상하다. 원래 네루는 스마트폰 메신저 회사인 라라 기획에서 만든 캐릭터인데 이 빵은 한라 제과에서 만들었네? 한라 제과는 처음 들어 보는 회사인데……."

"그게 뭐가 중요해. 나는 네루 제품은 뭐든 믿고 사게 되더라. 처음 보는 회사의 물건도 친근하게 느껴져. 이 빵을 만든 회사도 처음 들어 봤지만 네루가 있어서 전혀 낯설지가 않아."

진짜 그랬어요. 네루가 있는 물건은 늘 보던 것처럼 익숙했어요. 그때 수민이가 앞쪽을 가리키며 말했어요.

"어? 저기 너희 사촌, 지희 언니잖아?"

"응, 언니랑 '라라프렌즈 카페'에 가기로 했어. 언니가 다니는 대학교 앞에 '라라프렌즈 카페'가 생겼다고 데려가 준대. 너도 갈래?"

"라라프렌즈 카페에 간다고? 정말이야?"

수민이는 하마터면 소리를 지를 뻔했어요. 라라프렌즈 카페는 수민이도 너무나 가 보고 싶던 곳이었거든요. 하지만 지하철을 갈아타고 30분 넘게 가야 해서 가 볼 엄두를 내지 못했지요.

라라프렌즈 카페는 캐릭터별로 방이 꾸며져 있고 다양한 상품도 갖췄어요. 그중에서 네루의 방이 가장 크고 상품도 다양해요. 네루 캐릭터의 인기가 너무 좋아서 아예 캐릭터 전시장을 따로 만든 거예요. 나중에는 네루를 주인공으로 놀이공원도 만들 예정이래요.

"오늘 우리 엄마 생일이라 선물을 사야 하는데, 마침 잘됐다! 예지야, 나도 갈래."

수민이와 예지는 지희 언니를 따라 지하철을 타고 카페에 도착했어요. 라라프렌즈 카페는 정말 예뻤어요. 네루, 바니 등 커다란 캐릭터 인형이 서 있는 입구에서부터 마음이 설렜지요.

"세상에! 저 빨간 우산 좀 봐. 이건 어린이용 네루 모자, 이건 네루 실내화. 여기는 온통 네루 세상이네!"

지희 언니가 수민이를 보고 웃으며 말했어요.

"디지털 산업이 발달하면 사람들은 그와 반대되는 따뜻한 감성을 그리워해서 이런 캐릭터 상품을 더욱 좋아하게 된대. 어린이용 상품이 진짜 많지? 어린이를 대상으로 하는

산업을 '엔젤 산업'이라고 해. 어린이들이 좋아하는 캐릭터도 엔젤 산업의 일종이지. 요즘은 캐릭터를 좋아하는 어른을 위한 상품도 많이 나오더라."

수민이는 네루 담요가 깔린 침대에 앉아 보고, 네루 쿠션도 꼭 껴안아 보았어요. 모두 사고 싶었지요. 그중에서도 선글라스를 쓴 네루가 그려진 필통이 너무나 마음에 들었어요. 그런데 가격표를 보니 만 5천 원! 지금 수민이에게는 7천 원뿐이었어요. 그것도 엄마 생일 선물을 살 돈이었지요. 수민이가 들고 있는 네루 필통의 가격표

를 보고 예지가 말했어요.

"이게 만 5천 원이나 해? 학교 앞 문방구에서 비슷하게 생긴 필통을 3천 원에 팔던데. 네루가 그려진 물건은 뭐든지 비싸구나."

지희 언니가 설명했어요.

"이 필통은 네루 캐릭터와 라이선스 계약을 맺은 제품이라 캐릭터 사용료가 추가되어서 그래. 사람들은 익숙한 캐릭터가 있으면 좋은 제품이라고 믿거든. 그래서 필통을 만드는 회사에서도 캐릭터를 사용하고 그 비용을 필통 가격에 포함시키지."

예지와 지희 언니가 이야기를 나누는 동안에도 수민이는 계속 필통을 만지작거렸어요. 볼수록 사고 싶었지요.

수민이는 몇 번을 생각하다가 필통을 사기로 결심했어요.

"예지야, 나한테 8천 원을 빌려줄 수 있어? 이 필통 사려고."

"엄마 생일 선물은 어쩌고?"

수민이는 예지의 말이 들리지 않았어요. 오로지 네루 필통을 사고 싶은 마음뿐이었어요. 결국 수민이는 지희 언니에게 돈을 빌려 필통을 샀어요. 다음 달에 용돈을 받으면 갚기로 하고요. 수민이와 예지는 5층 카페로 올라가 지희 언니가 사 준 핫초콜릿을 마셨어요. 네루가 그려진 노란 컵에 마시니까 더 맛있게 느껴졌지요.

수민이는 집에 돌아와 책상 서랍에 네루 필통을 숨겼어요. 엄마가 보면 또 필통을 샀다고 혼낼 게 뻔하거든요.

잠시 후, 수민이의 오빠 수찬이가 집에 왔어요. 수찬이를 보자 수민이는 다시 엄마 선물이 걱정되었어요.

"오빠, 엄마 선물 준비했어?"

"당연하지! 나는 문방구에서 양말 샀어. 너는?"

"나는 엄마한테 안마 쿠폰을 만들어 드릴 거야."

"야, 너는 어떻게 선물이 작년이랑 똑같냐?"

"엄마가 선물은 정성이 중요하다고 했어. 엄마는 오빠가 산 양말보다 내 안마 쿠폰을 더 좋아하실걸?"

"정말 그럴까? 내가 보기에는 아닌데? 참, 나 엄마한테 카드 써야 하는데! 네 보라색 사인펜 좀 쓸게."

그러면서 수찬이는 수민이 방으로 들어갔어요. 그런데 한참이 지나도 수찬이가 나오지 않았어요. 잠시 뒤 수찬이가 안마 쿠폰을 그리고 있는 수민이 곁으로 오더니 킥킥 웃었어요.

"고마워, 나를 위해 뭘 이런 걸 다 준비했어?"

수찬이는 등 뒤로 무언가를 감추고 있었어요. 수민이는 왠지 불안해서 수찬이를 붙잡으려고 했어요. 수찬이는 웃으면서 뒷걸음으로 도망쳤어요. 그러다가 둘이 뒤엉켜 넘어지고 말았어요. 넘어진 수찬이 곁에 아까 수민이가 카페에서 사 온 네루 필통이 나뒹굴고 있었어요. 비닐 포장은 뜯겨 있고, 필통 안은 무엇인가로 가득 차 있었지요. 필통을 열어 본 수민이는 화가 나서 빽 소리를 질렀어요.

123

"이거 내 건데 왜 오빠 마음대로 써! 오늘 새로 산 거란 말이야."
"너 얼마 전에도 네루 필통 샀잖아."
수민이는 더욱 화가 났어요.
"이건 내가 라라프렌즈 카페에 가서 직접 사 온 거야. 얼마나 비싼 건데!"
수민이와 수찬이는 서로 네루 필통을 갖겠다고 잡아당기며 다퉜어요. 큰 소리가 이어지자 부엌에 있던 엄마가 나오셨지요.
"너희 지금 뭐하는 거니? 수민이 너는 돈이 어디서 나서 필통을 또 샀어? 네루 캐릭터만 있으면 무조건 사고 보니, 원. 캐릭터가 있다고 품질은 따지지 않고 물건을 사는 것은 잘못된 소비야. 그리고 수찬이 너는 동생 물건에 함부로 손대면 안 되지."
수민이는 억울해서 울음을 터뜨렸어요.

"이건 내 거야. 내가 예지네 사촌 언니한테 돈까지 빌려서 산 거라고!"

수민이는 필통을 더 힘껏 잡아당겼어요. 그 순간, 우두둑 소리와 함께 필통이 찢어졌어요. 양쪽에서 필통을 잡아당기던 수찬이와 수민이는 뒤로 나동그라지고 말았어요. 수민이가 넘어지면서 옆에 있던 화분을 손으로 치는 바람에 화분까지 함께 넘어져 흙과 자갈이 거실 바닥에 쏟아졌어요. 엄마는 금방이라도 폭발할 듯한 표정으로 수민이와 수찬이를 번갈아 보았어요.

'아차, 오늘 엄마 생일인데!'

수민이는 엄마에게 너무 미안해서 고개를 들 수가 없었어요.

따뜻한 감성까지 상품으로 팔아요

> ● 함께 생각해 봐요 ●
>
> 수민이는 필통이 있는데도 좋아하는 캐릭터 네루가 그려진 필통을 또 샀어요. 문방구에서는 3천 원 하는 필통을 만 5천 원이나 주고서 말이에요. 여러분은 물건을 살 때 디자인, 품질, 가격 중 어떤 것을 가장 중요하게 생각하나요? 수민이처럼 소비하는 것에 문제는 없을까요?

나는 물건을 살 때 가격보다는 디자인을 중요하게 봐. 예쁜 것을 보면 기분이 좋아지잖아. 네루 캐릭터가 있는데 좀 비싸면 어때?

문방구에서 3천 원에 살 수 있는 필통을 만 5천 원이나 주고 사는 것은 낭비야. 디자인도 중요하지만 그보다 가격이나 품질을 따져 봐야지!

캐릭터 산업이 뭘까요?

캐릭터는 소설, 만화, 게임에 등장하는 사람이나 동물을 말해요. 이들을 상품으로 만들어 파는 것을 '캐릭터 산업'이라고 하지요. 인기 있는 캐릭터는 장난감, 학용품, 음식은 물론이고 영화, 텔레비전, 게임, 놀이공원 등으로 무한히 확장할 수 있어요. 영화 〈겨울왕국〉이 인기를 끌면서 엘사 인형과 스티커북, 엘사 얼굴이 들어간 화장품, 드레스, 칫솔 등이 쏟아져 나온 것처럼요.

세계 제일의 부자 쥐, 미키마우스

미국의 디즈니는 세계 최초로 캐릭터를 만들어 상품화한 회사예요. 1928년 디즈니가 생쥐 캐릭터 미키마우스를 주인공으로 한 만화 영화를 내놓았어요. 이후 영화를 만들고, 연달아 관련 상품을 판매했어요. 이를 통해 엄청나게 많은 돈을 벌어들였지요. 미키마우스는 지금까지도 큰돈을 벌어들이고 있어요. 사람들은 미키마우스를 '세계 제일의 부자 쥐'라고 불러요.

우리나라에서는 1983년 〈아기 공룡 둘리〉라는 만화 영화가 인기를 끌면서부터 캐릭터 산업이 본격적으로 시작되었어요. 둘리 전에도 몇몇 캐릭터가 있었지만 큰 성공을 거두지는 못했어요. 둘리는 영화, 광고, 각종 생활용품에 얼굴을 내밀면서 우리나라에서 처음으로 성공한 캐릭터가 되었지요.

그럼 우리나라에서 가장 부자인 캐릭터는 무엇일까요? 바로 뽀로로예요. 뽀로로가 한 해에 벌어들이는 로열티 수입은 백 5십억 원에 이른답니다.

캐릭터 산업이 우리 경제에 미치는 영향은 얼마나 될까요?

캐릭터 산업은 성장 가능성이 매우 크고, 이익이 많이 남아요. 하나의 캐릭터가 여러 분야로 확장되어 다른 산업에도 영향을 미치기 때문이지요. 우리나라의 캐릭터 산업은 2016년에 약 11조 원 규모로 커졌어요.

뽀로로는 프랑스, 멕시코, 칠레, 중국 등 120개 국가에 수출되었어요. 이들 나라의 어린이들은 뽀로로 영화를 보고, 뽀로로가 그려진 색연필을 사요. 뽀로로를 기억하는 외국의 어린이들은 그 캐릭터를 만든 우리나라도 긍정적으로 바라보고, 우리나라의 다른 제품에 관심을 갖거나 여행을 오고 싶어 해요. 이처럼 캐릭터는 문화적으로 엄청난 파급 효과를 낳는답니다.

캐릭터 산업이 발전하면서 캐릭터 디자이너, 캐릭터 마케터, 캐릭터 제품 개발자, 만화 콘티 작가, 게임 기획자, 게임 디자이너, 게임 시나리오 작가 등 캐릭터 관련 직업 또한 늘어나고 있어요. 캐릭터 산업의 발전이 직업을 선택하는 데에도 영향을 미치는 것이지요.

사람들은 왜 캐릭터가 있는 상품을 살까요?

캐릭터 상품을 선호하는 사람들은 캐릭터를 단순한 그림이 아닌, 감정을 지닌 존재로 여겨요. 이 때문에 캐릭터가 있는 상품을 친근하고 익숙하게 받아들이지요. 한마디로 말해서 캐릭터가 있는 물건을 사는 것은 단순히 물건 하나를 사는 것이 아니라, 그 캐릭터가 가진 특징, 캐릭터를 봤을 때 느끼는 감정까지 함께 구입하는 거예요.

이모티콘은 감정을 표현하는 캐릭터예요

디지털 기계가 발달할수록 사람들은 따뜻한 감성을 그리워해요. 카카오톡, 라인 같은 모바일 메신저에서 이모티콘을 사용하는 것도 이와 관련이 있어요. 이모티콘은 '감정(emotion)'과 '기호(icon)'를 합친 말이에요. '감정을 표현하는 캐릭터'라고 풀이할 수 있지요. 이모티콘은 말로 길게 설명하지 않아도 하나의 그림으로 즉각 감정을 나타낼 수 있어 편리해요. 부드럽게 대화할 수 있도록 돕기 때문에 사람들의 호감을 이끌어 내기도 하지요. 요즘은 이모티콘만으로 대화할 정도로 자주 쓰여요.

메신저 회사에서는 이 점을 이용해 캐릭터 사업을 펼치고 있어요. 온라인에서 이모티콘을 팔고 매장을 열어 인형이나 생활용품을 판매해 수익을 올리지요.

캐릭터를 사용하려면 '라이선스' 계약을 맺어야 해요

A는 책가방을 만들어 팔아요. 그런데 브랜드가 알려지지 않아 잘 팔리지 않아요. A는 가방 앞쪽에 포켓몬스터를 그려 넣으면 가방이 더 잘 팔릴 것 같아 포켓몬스터 캐릭터의 저작권을 가진 B를 찾아가 3년 동안 사용할 수 있도록 허락을 받고, 사용료를 냈어요. 이런 계약을 '라이선스'라고 해요. 돈을 내고 포켓몬스터 캐릭터를 빌려 쓰는 것이지요.

소비자들은 A가 만든 책가방의 브랜드나 회사보다 포켓몬스터 캐릭터에 매력을 느껴요. A가 만든 책가방은 잘 알려지지 않은 브랜드였지만 이제는 '포켓몬스터 가방'이라는 새로운 브랜드가 되었어요.

캐릭터가 있다고 모두 믿을 만한 품질의 상품은 아니에요. 사람들이 캐릭터를 좋아하는 심리를 이용하여 캐릭터만 앞세우고 품질은 갖추지 못한 상품들도 있거든요. 그래서 캐릭터가 있는 물건을 살 때는 캐릭터만 보지

말고 상품의 품질을 함께 따져 봐야 해요.

경쟁이 심한 상품에 캐릭터를 사용해요

캐릭터를 활용한 제품이 늘어나는 이유는 시장의 경쟁이 심하기 때문이에요. 이처럼 이미 포화 상태여서 경쟁이 매우 치열한 시장을 '레드오션(red-ocean)'이라고 해요. 반대로 현재 존재하지 않거나 알려지지 않아 경쟁자가 없는 유망한 시장을 '블루오션(blue-ocean)'이라고 하지요.

음료, 화장품, 학용품 등 상품이 많아 경쟁이 치열한 레드오션 시장에서 캐릭터를 자주 사용해요. 품질이나 가격으로는 차별화하기가 어려워 소비자가 선호하는 인기 캐릭터를 차별화 전략의 한 방법으로 활용하는 것이지요.

캐릭터를 좋아하는 어른도 있어요

아이들 같은 감성과 취향을 지닌 어른을 '키덜트'라고 해요. 어린이를 뜻하는 '키드(Kid)'와 어른을 의미하는 '어덜트(Adult)'를 합친 말이지요. 키덜트는 어릴 때 즐기던 캐릭터, 장난감, 만화 등을 어른이 된 뒤에도 좋아해서 이와 관련한 소비를 해요.

키덜트는 자신이 어린 시절 좋아했던 미키마우스, 아기 사슴 밤비, 아기공룡 둘리, 건담, 스타워즈 등의 이미지를 활용한 물건을 쓰면서 마음의 위안을 얻어요. 요즘은 아예 이들을 겨냥하여 추억을 자극하는 캐릭터가 담긴 옷, 장난감, 액세서리 등을 내놓기도 한답니다.

 인터넷 쇼핑몰의 구조

물건을 집 앞까지 배달해 주는데 매장보다 싸다고요?

수업이 끝나자마자 상민이는 준우와 서둘러 교문 밖을 나섰어요.

"준우야, 저쪽 상가 1층에 있는 옷 가게로 가자. 거기서 어린이용 티셔츠를 판대."

상민이는 이번 금요일 체험 학습 때 입을 티셔츠를 사려고 해요. 모둠 친구들 4명이 똑같은 티셔츠를 입기로 했어요. 티셔츠를 맞추려고 만 원씩 돈을 걷었고, 걷은 돈은 모둠 대표인 상민이가 가지고 있어요.

상민이는 준우와 함께 가게에 들어가 파란색 티셔츠를 찾았어요. 준우가 옷 한 벌을 들어 보이며 상민이를 불렀어요.

"상민아, 이거 어때? 파란색 반팔 티셔츠야."

상민이도 준우가 고른 티셔츠가 마음에 들었어요. 그런데 가격표를 보니 만 9백 원이었어요. 모둠에서 모은 돈으로 사기에는 조금 비쌌지요. 상민이는 옷을 가지고 계산대로 갔어요.

"혹시 이 옷과 비슷한 걸로 조금 싼 것은 없나요?"

가게 직원은 살며시 웃으면서 말했어요.

"죄송합니다. 이 옷과 비슷한 상품은 없습니다."

상민이와 준우는 실망하면서 매장을 나왔어요. 준우가 스마트폰으로 방금 전에 나온 옷 가게 이름을 검색했어요.

"찾았다! 이 옷 맞지?"

준우가 내민 스마트폰 화면을 보니 조금 전에 사려고 했던 옷이었어요. 상민이는 너무 반가웠어요.

"어? 남은 수량이 7개야. 그런데 가격이 만 9백 원이 아니라 9천 5백 원이네. 왜 똑같은 물건인데 인터넷 쇼핑몰이 더 싸지?"

"인터넷 쇼핑몰은 매장이 없고, 창고에서 직접 물건을 보내대. 가게를 빌리는 비용이나 꾸미는 돈이 들지 않으니까 물건 값을 싸게 받을 수 있지. 나, 인터넷 쇼핑을 자주 이용해서 잘 알아."

"그래? 그럼 우리 집에 가서 인터넷 쇼핑을 하자!"

상민이는 준우를 데리고 집으로 갔어요.

"다녀왔습니다!"

"아줌마, 안녕하세요?"

상민이 엄마는 다리에 깁스를 한 상태로 소파에 앉아 있었어요.

"엄마가 며칠 전에 계단에서 발을 잘못 디뎌 다치셨어. 그래서 좋아하는 백화점도 못 다니고 집에만 계셔."

"깁스하고 하루 종일 집에 있으려니 답답해 죽겠다. 그래도 백화점에서 운영하는 인터넷 쇼핑몰에서 틈틈이 쇼핑하고 있어. 참, 상민이 너 오늘 체험 학습 때 입을 티셔츠 산다더니 왜 빈손이야?"

상민이는 아까 가게에서 있었던 일을 설명했어요.

"전자 상거래를 하려면 본인 인증을 하고 결제할 카드도 등록해야 하는데, 너희끼리 할 수 있겠어? 요즘은 개인 정보를 빼내 범죄를 저지르는 경우도 많아서 고객 정보를 안전하게 보관하도록 법으로 정하고 있거든."

"걱정 마세요. 준우가 인터넷 쇼핑을 많이 해 봤대요."

상민이는 준우와 방으로 들어갔어요. 얼마 후, 엄마가 상민이를 불렀어요.

"상민아, 이거 1층 경비실에 좀 맡기고 오렴. 지난번에 인터넷 쇼핑몰 반짝 세일 때 산 신발인데 마음에 안 들어서 반품하려고. 인터넷 쇼핑은 사기는 쉬운데 반품할 때는 참 불편해. 택배 기사님이 상자를 경비실에 맡겨 달라고 하니까 갖다 놓고 와."

상민이는 티셔츠를 사야 해서 마음이 급했지만 꾹 참고 1층까지 상자를 옮겼어요. 그러자 경비 아저씨가 상자 2개를 주었어요.

상민이는 커다란 상자 2개를 낑낑거리며 들고 올라왔어요.

"어제 주문한 쌀이 벌써 왔네! 농산물 직거래 쇼핑몰에서 샀는데, 무거운 쌀을 집에 가져다주기까지 하니 정말 편하네!"

"엄마, 저 이제 티셔츠 사야 하니까 부르지 마세요."

상민이는 퉁명스럽게 말하고 방으로 들어가 다시 컴퓨터 앞에 앉았어요. 준우도 상민이 옆에 의자를 붙이고 앉았어요.

"같은 티셔츠인데 파는 곳이 뭐 이렇게 많아? 가격도 다 제각각이네? 여긴 9천 8백 원, 여긴 9천 5백 원. 같은 P마켓인데도 9천 5백 원짜리가 여러 개야. 이 중에 어떤 걸 사지?"

"오픈 마켓은 파는 사람이 여럿이라 가격도 다른 거야. 우리는 가격을 비교해서 가장 싼 곳에서 사자!"

상민이는 P마켓에서 가격이 가장 싼 9천 5백 원짜리 티셔츠 4벌을 골라 장바구니에 담았어요. 그런데 4벌을 합한 금액이 3만 8천 원이 아니라 4만 5백 원이었어요.

"물건값에 택배비 2천 5백 원을 더 내야 하네? 택배비까지 내기에는 5백 원이 부족한데……."

그때 준우의 스마트폰이 울렸어요. 과외 선생님이 오셨으니 얼른 오라는 엄마의 전화였어요. 준우는 가방을 들고 나가면서 말했어요.

"금요일이 체험 학습 날이니까 목요일까지 받으려면 오늘 꼭 주문해야 해."

혼자 남겨진 상민이는 처음 해 보는 인터넷 쇼핑을 잘 해낼 수 있을지 걱정되었어요. 상민이는 마음을 다잡고 인터넷을 살폈어요. 그런데 또 하나의 쇼핑몰이 눈에 들어왔어요.

"티켓프린스 소셜 커머스 1위 기념 총알 배송. 오늘 산 물건을 오늘 밤에 편안하게 받으세요!"

'오늘 밤에 물건을 받을 수 있다고? 가격도 아까 봤던 거랑 같네.'

상민이는 얼른 쇼핑몰에 회원 가입을 했어요. 그러자 아래쪽에 빨갛게 반짝이는 문구가 보였어요.

'3초 수고하고 천 원 할인 쿠폰 받자!'

이름, 주소, 전화번호를 쓰면 천 원짜리 쿠폰을 준다는 내용이었어요.

"천 원 할인 쿠폰을 받으면 3만 9천 5백 원에 살 수 있네? 잘됐다. 5백 원이 모자랐는데. 그런데 마케팅 활용에 동의? 이게 무슨 말이지? 에이, 모르겠다. 쿠폰을 받아야 하니까 그냥 동의하지 뭐!"

받은 쿠폰을 적용하자, 이번에는 결제를 카드로 할지, 현금으로 할지 정하래요. 몇 번을 시도하다가 결국 엄마의 도움을 받기로 했어요.

"거기 간편 카드 결제 등록해 놓은 거 있지? 그거 클릭하고 비밀번호를 입력해. 그렇지! 이제 결제하기를 누르고."

일이 착착 진행되었어요. 마침내 '카드 결제가 완료되었습니다'라

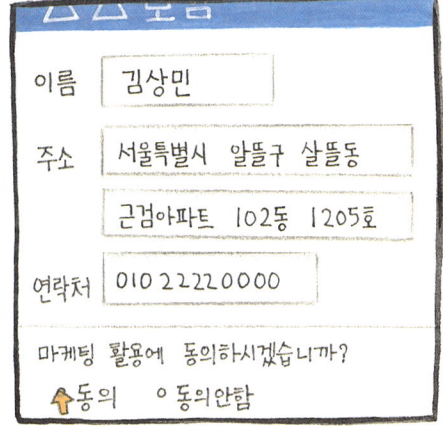

는 메시지가 뜨자 안도의 숨이 나왔어요.

얼마 지나지 않아 상민이의 휴대 전화가 울렸어요. 전화를 받자마자 어떤 아줌마가 딱딱한 목소리로 말했어요.

"안녕하십니까? 정상민 회원님, 마케팅 활용에 동의해 주셔서 전화를 드렸습니다. 아파트 관리비 자동 이체를 신청하시면 만 원을 할인해 드리는 이벤트를 하고 있습니다."

아줌마는 상민이의 대답은 듣지도 않고 계속 말을 이어 갔어요. 말이 너무 빨라서 뭐라고 하는지 알아듣기도 힘들었지요. 이윽고 "동의하시겠습니까?"라는 질문에 겨우 말할 틈을 얻었어요.

"네? 저는 그런 거 잘 몰라요. 제 전화번호는 어떻게 아셨어요?"

"티켓프린스 사이트에서 마케팅 활용에 동의를 하셨기에 전화 드렸습니다."

아줌마는 관리비, 마케팅 어쩌고 하다가 상민이가 초등학생이라고 말하자 전화를 끊었어요.

상민이는 오후 내내 택배를 기다렸어요. 택배 기사가 상자를 경비실에 놓고 갔나 싶어서 몇 번이나 내려가 보기도 했지요.

저녁을 먹고 있는데 상민이의 휴대 전화가 울렸어요.

"안녕하십니까? 정상민 회원님, 아까 티켓프린스 사이트에서 파란색 티셔츠 4장 주문하셨지요?"

"네."

"고객님 죄송합니다. 그 상품은 원래 총알 배송 상품이라 오늘 보내 드려야 하는데, 수량이 부족해서 발송이 어렵습니다. 공장에 남아 있는 제품을 택배로 보내 드리려고 하는데, 빨라야 금요일에 도착할 것 같습니다. 배송이 늦어져서 정말 죄송합니다."

"네? 금요일요? 금요일에 입고 가야 하는데……."

상민이는 당황해서 더는 말도 못하고 진땀만 흘렸어요.

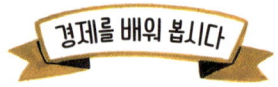

손가락만 까딱하면 물건이 집까지 와요

> ○ 함께 생각해 봐요 ○

상민이는 인터넷 쇼핑몰에서 물건을 사면서 할인 쿠폰을 받기 위해 개인 정보 활용에 동의했어요. 이렇게라도 해서 할인을 받는 것이 좋을까요? 아니면 할인을 포기하고 개인 정보를 입력하지 않는 것이 좋을까요?

물건을 살 때 조금이라도 싸게 사면 좋잖아요?
인터넷 쇼핑몰은 큰 회사인데
설마 제 개인 정보를 나쁜 곳에 쓰겠어요?
싸게 살 수 있다면 때로는 개인 정보를 활용하는 데
동의해도 괜찮다고 생각해요.

저 같으면 개인 정보를 활용하는 것에
동의하지 않았을 것 같아요.
범죄 피해를 입을 수도 있으니까요.
인터넷상에서는 개인 정보를 보호하는 게
무엇보다 중요해요.

인터넷 쇼핑은 왜 배달까지 해 주는데 상점보다 가격이 쌀까요?

상품이나 서비스를 사고파는 과정이 컴퓨터 등 전자 문서로 처리되는 것을 '전자 상거래'라고 해요. 컴퓨터가 널리 보급되고 인터넷 시대가 시작된 1990년대 이후부터 전자 상거래를 이용한 인터넷 쇼핑이 크게 성장했어요.

인터넷 쇼핑이 성장한 이유는 시간과 장소의 제약 없이 쇼핑을 할 수 있기 때문이에요. 또 하나는 가격이 싸기 때문이지요. 집 앞까지 배달을 해 주는데, 왜 인터넷 쇼핑으로 살 때 가격이 더 쌀까요?

인터넷 쇼핑몰은 일반 상점과 달리 매장이 필요 없어서 임대료나 인테리어 비용을 줄일 수 있어요. 물건을 판매하는 직원도 최소화하여 인건비를 줄일 수 있지요. 이렇게 비용을 줄여 물건 가격을 낮추는 거예요.

인터넷 쇼핑몰은 일반 상점보다 경쟁이 치열해요. 소비자들이 가격 비교 사이트를 이용하여 같은 상품을 다른 쇼핑몰에서 얼마에 파는지 한눈에 볼 수 있어요. 그래서 인터넷 쇼핑몰끼리 끊임없이 가격 경쟁을 벌이지요. 이 또한 상점에 비해 가격이 저렴한 이유랍니다.

인터넷 쇼핑도 단점이 있어요

인터넷 쇼핑의 가장 큰 단점은 소비자가 직접 물건을 볼 수 없어서 품질을 정확히 확인할 수 없다는 거예요. 실제로 인터넷 쇼핑몰에 올라온 사진과 받은 물건의 품질이 차이 나기도 하지요. 물건에 문제가 있을 경우 교환이나 반품하는 절차도 복잡해요. 물건을 받기까지 반나절 이상 시간이 걸리는 것도 미리 고려해야 하지요.

인터넷 쇼핑몰에서 물건을 살 때에는 믿을 만한 곳인지 꼭 살펴보아야 해요. 같은 물건을 다른 상점보다 말도 안 되게 싸게 판다면 물건의 품질을 의심해 봐야 해요. 또 사용 후기를 믿고 무조건 샀다가는 후회할 수 있어요. 일부 쇼핑몰에서는 돈을 주고 사람을 고용하여 의도적으로 좋은 상품 후기를 쓰게 하거든요. 그러니 상품 후기를 꼼꼼하게 읽고 다른 사이트와 비교한 다음 구입하는 게 좋답니다.

왜 같은 쇼핑몰에서 똑같은 제품을 여러 사람이 팔아요?

같은 제품인데 쇼핑몰마다 가격이 다른 경우가 있지요? 같은 쇼핑몰에서도 다르고요. 인터넷 쇼핑몰마다 운영 주체와 판매 방식이 다르기 때문이에요.

우선 백화점에서 운영하는 쇼핑몰이 있어요. 신세계몰, 엘롯데 등이지요. 믿을 수 있는 품질의 백화점 물건을 온라인에서 사려는 고객이 주로 이용해요.

G마켓, 옥션, 11번가 등은 '오픈 마켓'이라고 불러요. 이 사이트들은 물건을 파는 개인이나 업체가 직접 상품을 등록해 판매하는 인터넷 시장이에요. 판매자가 스스로 상품 가격을 정하기 때문에 같은 상품을 파는 판매자들끼리 조금이라도 더 팔기 위해서 가격 경쟁을 벌여요. 그로 인해 소비자는 가장 싼 상품을 선택할 수 있지요.

이밖에 개인이나 소규모 업체가 직접 운영하는 쇼핑몰이 있어요. 상민이 엄마가 쌀을 샀던 농산물 직거래 사이트처럼 비슷한 상품을 생산하는 사람들이 모여 인터넷 쇼핑몰을 운영하기도 해요.

소셜 커머스는 '치킨 게임' 중이에요

쿠팡, 티몬, 위메프 등의 소셜 커머스에서는 목표한 만큼 사람이 모이면 가격을 대폭 할인해 주는 방식으로 제품을 판매해요. 주로 음식점 이용권, 공연 관람권, 미용실 이용권, 호텔 숙박권 등을 소셜 커머스 방식으로 팔아요.

요즘은 특정한 상품을 서로 경쟁적으로 싸게 팔기도 해요. 때로는 손해를 보더라도 일단 가격을 낮춰 팔지요. 이런 상황을 경제학에서는 '치킨 게임'이라고 해요. 똑같은 물건을 A가 만 원에 팔면, B는 9천 5백 원에 팔아요. 그럼 A는 가격을 더 낮춰서 9천 원에 파는 식이에요. 손해를 보면서까지 가격 경쟁을 하는 이유가 뭘까요? 경쟁자가 포기하고 그 시장에서 떠나면, 경쟁자의 몫까지 전부 차지하는 '승자 독식'을 하기 위해서예요.

치킨 게임은 소비자에게 이익일까요?

우리나라와 일본 사이에 치킨 게임이 벌어진 적이 있어요. 몇 해 전 우리나라의 삼성전자가 주도하고 있던 반도체 시장에 일본 기업이 뛰어들었어요. 삼성전자는 이익을 줄이고 가격을 낮춰 반도체를 팔았어요. 삼성전자보다 싼 가격에 반도체를 만들 수 없었던 일본 회사는 견디다 못해 사업을 포기했지요. 결국 삼성전자는 반도체 시장에서 승자가 되었어요.

이렇게 업체끼리 치킨 게임을 하면 소비자들은 이익일까요? 처음에는 물건을 싸게 살 수 있으므로 그렇다고 할 수 있어요. 하지만 이후에는 경쟁에서 이긴 업체가 마음대로 가격을 올려 받아도 꼼짝없이 그 물건을 살 수밖에 없어요. 같은 물건을 만드는 다른 회사가 없으니까요. 그뿐만 아니

라 한 기업이 사라지면 그 회사 사람들은 일자리를 잃어요. 기업이 국가에 내던 세금도 내지 못할 거예요. 결국 소비자뿐 아니라 사회 전체에 손해를 끼칠 수 있지요.

인터넷 쇼핑을 할 때는 개인 정보 유출에 주의하세요!

인터넷 쇼핑몰을 이용하는 사람들이 많아지면서 개인 정보를 이용한 해킹 범죄가 자주 일어나고 있어요. 일반적으로 개인 정보는 개인의 성별, 주소, 나이, 전화번호, 이메일, 재산, 학력, 취미 등을 가리켜요. 해커들은 인터넷 쇼핑몰 서버에 침입하여 회원들의 개인 정보를 빼내서 돈을 받고 팔아요.

개인 정보를 산 사람들은 보이스 피싱(아이가 다쳤으니 병원비를 보내라, 통장이 유출되어 위험하다는 등의 말로 정상적인 판단을 흐리게 만든 뒤 돈을 빼돌리는 범죄), 파밍(가짜 사이트를 만들어 놓고 개인의 금융 정보를 입력하게 하여 돈을 빼돌리는 범죄) 등을 저질러요. 고객의 이메일로 스팸 메일(요구하지 않은 내용을 많은 사람들에게 한꺼번에 전달하는 메일)을 보내거나, 전화번호를 이용해 광고 문자를 보내기도 하지요.

그래서 인터넷 쇼핑몰을 이용할 때는 개인 정보를 함부로 입력하면 안 돼요. 그리고 필요 이상으로 많은 개인 정보를 요구하는 쇼핑몰은 일단 의심해요. 인터넷 쇼핑몰 비밀번호를 주기적으로 바꾸는 것도 중요하지요.

인터넷 쇼핑 외에도 개인 정보가 유출될 수 있는 상황이 많으니 주의해야 해요. 카드를 사용하고 난 후 받은 영수증은 꼭 잘게 찢어서 버려요. 영수증에 적힌 카드 번호 등이 유출될 수 있으니까요. 택배 상자에 붙어 있는 용지에도 이름, 주소, 전화번호 등 많은 개인 정보가 들어 있으니 반드시 떼어 내고 버려야 한답니다.

 전자 화폐의 가치

스마트폰 때문에 화폐가 사라진다고요?

"민찬아, 얼른 일어나서 아침 먹어!"

민찬이는 아빠가 깨우는 소리에 겨우 눈을 떴어요. 하지만 아빠가 준비한 아침 식사는 먹고 싶지 않았어요. 어제 게임을 하느라 늦게 잔 탓에 입맛이 없었거든요.

"아빠, 저는 그냥 물 한잔만 마실래요."

"늦게 자고, 늦게 일어나니까 입맛이 없지. 스마트폰은 하루에 2시간만 쓰기로 약속했지? 그런데 또 스마트폰을 붙잡고 있었던 거야?"

옆에 있던 동생 민율이가 아침을 먹다 말고 아빠한테 일렀어요.

"형이 어젯밤에도 계속 게임을 했어요. 게임 머니 떨어졌다고 화내면서."

민찬이는 민율이의 머리를 콕 쥐어박았어요.

"네가 뭘 안다고 그래? 유치원에 다니는 꼬맹이 주제에!"

민찬이와 민율이가 다툼을 벌이려고 하자 아빠가 나섰어요.

"너 지난번에 아빠가 넣어 준 게임 머니는 벌써 다 썼어?"

"그게, 아이템 몇 개 사니까 없더라고요."

"게임 머니 같은 전자 화폐는 실제 돈처럼 눈에 보이지 않아서 낭비하기 쉬워. 게임 머니를 아껴 쓰기로 한 약속도 어겼네. 자꾸 약속을 안 지키면 아예 스마트폰 사용을 금지할 거야!"

'스마트폰 사용 금지'라는 말에 민찬이는 정신이 번쩍 들었어요. 그건 곧 게임을 할 수 없다는 말이니까요.

하지만 민찬이는 방에 들어가자마자 또다시 스마트폰을 잡았어요. 어젯밤에 하던 게임을 또 하고 싶어 몸이 근질거렸거든요. 그런데 민율이가

따라 들어와서는 민찬이를 졸랐어요.

"형, 나도 스마트폰 한번 해 보자. 나는 스마트폰이 없잖아!"

"안 돼! 네가 만지면 고장 나!"

민찬이와 민율이는 서로 스마트폰을 하겠다고 싸웠어요. 그때 방문이 벌컥 열렸어요.

"민찬이 너, 또 스마트폰 게임하고 있어? 안 되겠다. 집에 있으면 계속 게임만 할 테니 배드민턴이나 치러 가자!"

민찬이는 게임을 하고 싶은 마음이 굴뚝같았지만 아빠가 정말 스마트폰 사용을 금지할까 봐 꾹 참고 아빠 차에 올랐어요.

공원에서 한창 배드민턴을 치는데 아빠의 휴대 전화가 울렸어요.

"상무님, 일요일에 웬일이십니까? 네? 그거 지난주에 보냈는데요. 아, 그래요? 제가 얼른 가서 처리하겠습니다."

아빠가 전화를 끊은 뒤 민찬이에게 말했어요.

"아빠는 잠시 회사에 다녀와야 할 것 같아. 1시간 정도면 되니까 여기서 민율이랑 놀고 있어."

"저 혼자서 민율이를 데리고 있으라고요? 1시간이나요?"

"5학년이나 된 형이 당연히 동생을 돌봐야지. 오늘 민율이를 잘 데리고 있으면 아빠가 게임 머니 2만 골드 넣어 줄게."

민율이를 데리고 있기만 하면 게임 머니가 2만 골드나 생긴다니! 민찬이는 기분이 좋아졌어요.

"배고프면 용돈으로 편의점에서 먹고 싶은 거 사 먹어. 스마트폰도 잘 가지고 있고!"

"네, 다녀오세요. 스마트폰은 제 바지 주머니에 있어요. 돈은 저쪽 겉옷 주머니에 있고요."

민찬이는 의자에 걸어 놓은 외투를 가리키며 말했어요.

아빠가 떠나자 민율이는 배드민턴을 치자고 졸랐어요. 민찬이는 게임을 하고 싶었지만, 아빠와 한 약속 때문에 민율이와 배드민턴을 쳤어요. 그러나 민율이가 너무 못 쳐서 재미가 없었어요. 민찬이는 배드민턴 치는 걸 그만두고, 풀밭에 앉아 스마트폰 게임을 했어요.

"형, 나 배고파."

민율이의 말에 게임을 멈추고 시계를 보았어요. 그러고 보니 민찬이도 배가 고팠어요. 민찬이는 공원 편의점에 가려고 벗어 놓은 외투를 찾았어요. 어? 그런데 아무리 둘러봐도 외투가 보이지 않았어요. 게임에 정신이 팔린 사이에 누가 가져갔나 봐요. 민찬이는 하는 수 없이 아빠에게 전화를 걸었어요.

"지금 가진 돈이 하나도 없는 거네? 아빠는 시간이 좀 더 걸릴 것 같은데……. 아, 맞다! 민찬아, 스마트폰에 S머니 애플리케이션 있지? 버스나 지하철 탈 때 찍는 것 말이야. 그게 현재 우리나라에서 가장 많이 쓰는 선불 전자 화폐야. 돈을 디지털 정보로 저장해 놓은 거지. 편의점이나 패스트푸드점에서 돈이랑 똑같이 사용할 수 있어."

민찬이는 아빠의 설명을 듣고 민율이를 데리고 공원 안에 있는 패스트푸드점으로 갔어요. 햄버거 세트 2개를 주문하고, 아빠의 설명대로 S머니 애플리케이션을 내밀었더니 바로 결제가 되었어요. 애플리케이션에는 '잔액 8천 백 3십 원'이라고 표시되었지요.

'미리 돈을 내고 전자 화폐로 바꾸어 놓으니 편리한걸.'

민찬이는 전자 화폐 덕에 마음이 든든했어요. 그때 계산대 옆쪽에 민찬이가 요즘 빠져 있는 게임 '폭풍의 전사' 피규어가 보였어요. 민찬이는 얼른 계산대에 있는 직원에게 물었어요.

"누나, 이 폭풍의 전사 피규어는 얼마예요?"

"그건 판매하는 게 아니고, 빅스마일 햄버거 세트를 사는 고객에게 2천 원에 판매하는 이벤트 선물이에요. 빅스마일 햄버거 세트가 5천 9백 원이니까, 2천 원 추가해서 7천 9백 원입니다."

"이거 S머니로 살 수 있어요?"

"그럼요! 저희 가게는 S머니 회사와 계약을 맺었기 때문에 무엇을 사든지 S머니를 현금처럼 사용할 수 있어요. 또 거스름돈을 주고받지 않아도 되니까 편리하지요. 전자 화폐는 스마트폰 안에 들어 있는 것만 다를 뿐 현금과 똑같아요. S머니 같은 전자 화폐는 정부가 권한을 준 기업에서 관

리해요."

민찬이는 이미 햄버거 세트를 2개나 샀지만, 빅스마일 햄버거 세트 1개를 더 주문했어요. 그리고 이번에도 S머니로 결제했지요. 이제 S머니는 230원이 남았어요.

'햄버거를 너무 많이 샀나? 에이, 뭐 어때? 나는 아침부터 아무것도 안 먹었고, 민율이도 배고프다고 했잖아. 그나저나 이제 돈을 가지고 다닐 필요가 없겠어. 전자 화폐를 사용하면 편리하고 잃어버릴 염려도 없으니까. 왠지 공짜 같아서 쓸 때마다 기분도 좋은걸!'

민율이는 햄버거 반 개 정도를 먹더니 그만 먹겠다고 했어요. 민찬이도 처음에 산 햄버거 1개를 다 먹고, 빅스마일 햄버거 세트의 햄버거까지 먹고 나니 배가 너무 불렀어요. 2명이 햄버거 세트 3개를 먹는 것은 무리였나 봐요. 결국 남은 감자튀김이랑 콜라는 버리고 밖으로 나왔어요.

민찬이는 민율이를 데리고 아까 아빠와 헤어졌던 장소로 걸어갔어요. 그런데 민율이가 갑자기 주저앉으면서 투정을 부렸어요.

"형, 나 다리 아파!"

"그래도 아빠랑 만나기로 한 데까지는 가야 해."

민찬이가 달랬지만 소용없었어요. 사실 힘들기는 민찬이도 마찬가지였어요. 1시간이면 돌아온다던 아빠는 2시간이 다 되어 가는데 연락도 없었지요.

"형, 업어 줘. 나 다리 아파서 못 걷겠어."

민찬이는 화가 났지만 꾹 참고 민율이를 업고 걸었어요. 이마에서 땀이 뻘뻘 났지요. 그때 전화벨이 울렸어요. 아빠였어요.

"민찬아, 아빠가 시간이 좀 더 걸릴 것 같아. 공원으로 데리러 가지는 못하니까 민율이랑 먼저 집에 가 있어. 공원 입구에서 51번 버스 타고 샛별 마을에서 내리면 돼. 버스비는 S머니로 내고. 민율이는 어려서 버스비 내지 않아도 돼. S머니는 남아 있지?"

어쩌지요? S머니가 230원밖에 없는데……. 어린이 버스 요금은 450원이에요. 민찬이는 한동안 대답을 하지 못했어요. 민율이는 다시 업어 달라고 손을 내밀었지요.

경제를 배워 봅시다

현금 없이도 햄버거를 살 수 있어요

> ○ 함께 생각해 봐요 ○
>
> 민찬이는 돈을 잃어버렸지만 스마트폰에 있는 전자 화폐로 햄버거를 살 수 있었어요. 전자 화폐를 사용하면 어떤 점이 좋을까요? 또 나쁜 점은 무엇일까요? 여러분도 함께 생각해 보세요.

항상 들고 다니는 스마트폰에 전자 화폐가 있으니 지갑을 가지고 다닐 필요가 없어요. 또 전자 화폐를 사용하면 훨씬 편리하고 돈을 잃어버릴 염려도 없어 편리하죠. 앞으로 용돈도 전자 화폐로 받아야겠어요.

형은 스마트폰이 있으니 전자 화폐를 쓸 수 있지만, 스마트폰이 없는 나는 쓸 수 없어요. 그리고 스마트폰을 잃어버리면 돈까지 잃어버리는 거니까 더 위험하지 않겠어요? 전자 화폐는 실물로 볼 수 없으니 돈이라는 생각이 들지 않아서 펑펑 쓸지도 몰라요.

물물 교환의 불편함을 없앤 발명품, 화폐

아주 오래전, 인간은 필요한 물건을 서로 교환해 사용했어요. 곡식은 있지만 소금이 없는 사람, 소금은 있지만 곡식이 없는 사람이 서로 물물 교환을 해서 필요한 물건을 얻었지요. 하지만 사람마다 생각하는 물건의 가치가 달라 물물 교환을 할 때마다 기준을 정해야 했어요. 이 과정은 무척 번거롭고, 복잡했지요. 그래서 '화폐'를 만들어 화폐와 물건을 교환했어요. 그러니까 '만 원'짜리 화폐를 만 원의 가치에 해당하는 '고등어 5마리'와 맞바꾸는 식이었지요.

화폐는 시대에 따라 변해요

화폐는 수천 년 동안 모습이 계속 변해 왔어요. 화폐가 되려면 조건이 있어요. 누구나 갖고 싶어 하고, 가치가 변하지 않고, 가지고 다니기 편리해야 해요. 옛날에는 조개껍데기, 돌, 쌀, 소금, 옷감, 가죽 등을 화폐로 사용했어요. 하지만 이것들은 시간이 지나면 형태가 변하거나 썩어서 화폐로 계속 쓰기에 적당하지 않았어요. 그래서 금을 화폐로 사용했어요. 그

런데 금도 문제가 있었어요. 너무 무거워서 들고 다니기 힘들었지요. 그 후 화폐로 자리 잡은 것이 종이로 만든 지폐와 가벼운 금속으로 만든 동전이에요.

조개껍데기, 소금, 금, 지폐, 그 다음은 전자 화폐?

물건을 살 때 사는 사람이 파는 사람에게 직접 지폐나 동전을 내요. 그런데 인터넷, 스마트폰이 발달하면서 돈을 직접 내지 않고도 물건을 살 수 있게 되었어요. 신용 카드도 그렇다고요? 신용 카드는 물건을 사면 카드 회사가 대신 돈을 내고, 한 달 후에 갚는 형태예요. 그러니까 화폐하고는 개념이 다르지요. 여기서는 화폐만 설명할게요.

앞으로는 디지털 기계가 화폐의 역할을 대신할 거예요. 디지털 시대에 새롭게 등장한 돈, 전자 화폐가 그 주인공이지요. 전자 화폐는 실물 없이 컴퓨터나 스마트폰에 남아 있는 정보로 사이버상에서 거래되는 돈을 말해요. 그러니까 돈을 서로 합의 하에 전자적으로 주고받는 시스템이지요.

현재 우리나라에서 가장 많이 쓰는 전자 화폐는 버스나 지하철을 탈 때 사용하는 선불식 전자 화폐, T머니예요. T머니와 같은 전자 화폐는 거스름돈을 주고

T머니 카드가 있으면 현금이 필요 없어요.

받지 않아도 되고, 지폐나 동전처럼 부피를 차지하지 않으며, 카드 1장에 많은 돈을 넣어 간편하게 들고 다닐 수 있어서 널리 쓰여요.

가상 화폐는 우리 가까이에 있어요

가상 화폐는 전자 화폐에서 한발 더 나아간 것으로, 사이버 공간에서 사용할 수 있는 돈을 말해요. 온라인 게임에서 아이템을 살 때 지불하는 게임 머니, 카카오톡에서 이모티콘을 살 때 사용하는 초코, 아프리카TV에서 동영상을 보고 출연자에게 지불하는 별풍선 등이 가상 화폐이지요.

인터넷 쇼핑몰 G마켓의 가상 화폐 '스마일 캐시'는 사이트 내에서 실제 돈처럼 쓸 수 있어요. 쇼핑몰 회원들에게 주는 마일리지나, 이벤트 할인 쿠폰도 일종의 가상 화폐이지요.

그럼 전자 화폐와 가상 화폐는 어떻게 구분할까요? 크게 보면 가상 화폐는 전자 화폐의 한 종류예요. 하지만 큰 차이가 있어요. 전자 화폐는 국가에서 발행하고 관리해요. 국가가 발행하는 화폐의 가치를 인터넷 혹은 스마트폰 공간으로 옮긴 것이지요. T머니에 들어 있는 돈은 현금과 똑같아서 현금으로 돌려받을 수 있어요. 현금으로 바꾸려면 일정한 수수료를 내야 하지만요.

반면 가상 화폐는 국가가 발행하는 화폐가 아니에요. 개인이나 회사가 발행하지요. 관리나 책임도 발행한 사람의 몫이에요. 그러다 보니 진짜 화폐는 가상 화폐로 바꿀 수 있지만, 가상 화폐는 진짜 화폐로 바꿀 수 없는 경우가 많답니다.

전자 화폐가 범죄에 악용되기도 해요

왜 전자 화폐 사용이 점점 늘어나는 걸까요? 전자 화폐는 가지고 다니기가 편하고, 잃어버릴 염려가 적어요. 또 화폐를 제작하는 비용을 절약할 수 있고, 현금을 보관할 때 드는 노력도 줄일 수 있답니다.

그러나 지폐를 전자 화폐로 완전히 바꾸는 것은 쉬운 일이 아니에요. 우선 해킹의 위험을 극복해야 해요. 예를 들어 해커가 나쁜 마음을 먹고 데이터를 조작해 전자 화폐의 금액을 마음대로 조종한다면 엄청난 혼란이 생기겠지요?

또 전자 화폐가 범죄에 악용되거나 불법으로 쓰일 수도 있어요. 얼마 전 해외에서 마약을 사고, 전자 화폐로 대금을 지불해 경찰의 감시망을 피한 범죄가 일어나기도 했어요. 가짜 전자 화폐를 중국 정부에서 발행한 공식 전자 화폐라고 속여 판 뒤 달아난 사건도 있었고요. 그러므로 전자 화폐가

화폐나 신용 카드의 기능을 완전히 대체하려면 범죄를 예방할 수 있는 IT 기술이 탄탄하게 뒷받침되어야 해요.

동전 없는 세상이 정말 올까요?

편의점에서 천 8백 원짜리 과자를 1봉지 살 때 현금 2천 원을 내면 거스름돈 2백 원을 동전으로 줘요. 그런데 이제는 2백 원을 동전으로 주지 않고 전자 화폐로 충전해 줄 거래요. 한국은행은 2020년까지 '동전 없는 사회'를 만들겠다고 선언하고 거슬러 받아야 하는 동전의 금액만큼 T머니에 충전해 주는 방식을 권하고 있어요.

요즘은 동전을 잘 사용하지 않아요. 무겁고 불편하니까요. 한국은행이 만든 동전의 90퍼센트가 어딘가에서 잠자고 있다고 해요. 그 때문에 동전을 새로 만드는 비용이 한 해에만 약 600억 원가량 들어요. 한국은행은 전자 화폐를 사용하도록 권장하여 이 비용을 줄일 예정이에요.